普通高等教育机电类规划教材

工程制图习题集

（近机及非机类）

主　编　左晓明
副主编　惠学芹
参　编　吴　进　邵国友
主　审　徐文宽

机械工业出版社

本习题集是在汲取了近几年来多所高校工科非机类“工程制图”教学中教研教改的经验，根据教育部高等学校工科画法几何与工程制图课程教学指导委员会制定的“画法几何及工程制图、计算机绘图课程教学基本要求”，采用最新的国家标准编写而成的。本习题集与左晓明主编并由机械工业出版社同时出版发行的《工程制图》教材配套使用。

本习题集内容和体系结构适合工科非机类专业的特点，大幅度精简了画法几何的内容，加强了基本理论的应用与绘图方法、技能的有关内容，注意将仪器图、徒手图和计算机绘图有机组合，内容实用，重点突出。习题集题型多样、题量适中且注重各部分之间的关联性。

本习题集可供高等学校工科非机类各专业学生使用，也可供高职高专、电大、函授和夜大等相近专业学生选用或参考。

图书在版编目（CIP）数据

工程制图习题集/左晓明主编．—北京：机械工业出版社，2004.8（2022.8 重印）

普通高等教育机电类规划教材　近机及非机类

ISBN 978-7-111-15065-7

Ⅰ．工…　Ⅱ．左…　Ⅲ．机械制图－高等学校－习题　Ⅳ．TH126－44

中国版本图书馆 CIP 数据核字（2004）第 081293 号

机械工业出版社（北京市百万庄大街 22 号　邮政编码 100037）

责任编辑：高文龙　责任校对：肖　琳

封面设计：姚　毅　责任印制：刘　媛

涿州市般润文化传播有限公司印刷

2022 年 8 月第 1 版第 13 次印刷

260mm×184mm・5.75 印张・122 千字

标准书号：ISBN 978-7-111-15065-7

定价：18.00 元

电话服务

客服电话：010-88361066

010-88379833

010-68326294

网络服务

机　工　官　网：www.cmpbook.com

机　工　官　博：weibo.com/cmp1952

金　书　网：www.golden-book.com

机工教育服务网：www.cmpedu.com

普通高等教育机电类规划教材编审委员会

序

人类满怀激情刚刚跨入充满机遇与挑战的21世纪。这个世纪是经济全球化、科技创新国际化的世纪，是新经济占主导地位的世纪，是科学技术突飞猛进、不断取得新突破的世纪。这个世纪对高等教育办学理念、体制、模式、机制和人才培养等各个方面都提出了全新的要求，培养的人才必须具备新思想新观念、不断创新、善于经营和开拓市场、有团队精神等素质。

机械高等工程教育是我国高等教育的重要组成部分，21世纪对它的挑战同样是严峻的。随着现代科学技术的迅猛发展，特别是微电子技术、信息技术的发展，它们与机械技术紧密结合，从而形成传统制造技术、信息技术、自动化技术、现代管理技术等相交融、渗透的先进制造技术，使制造业和制造技术的内涵发生了深刻的变化。面向21世纪的机械制造业正从以机器为特征的传统技术时代迈向以信息为特征的系统技术时代。制造技术继续沿着20世纪90年代展开的道路前进。制造技术和自动化水平的高低已成为一个国家或地区经济发展水平的重要标志。而目前我国的制造技术与国际先进水平还有较大差距，亟需形成我国独立自主的现代制造技术体系。面对这一深刻的变化和严峻的形势，我们必须认真转变教育思想，坚持以邓小平同志提出的“三个面向”和江泽民同志提出的“四个统一”为指导，以持续发展为主题，以结构优化升级为主线，以改革开放为动力，以全面推进素质教育和改革人才培养模式为重点，以构建新的教学内容和课程体系、深化方法和手段改革为核心，努力培养素质高、应用能力与实践能力强、富有创新精神和特色的应用性的复合型人才。

基于上述时代背景和要求，由国家机械工业局教编室、机械工业出版社、江苏省教育厅（原江苏省教委）、江苏省以及部分省外高等工科院校成立了教材编审委员会，并组织编写了机械工程及自动化专业四个系列成套教材首批31本，作为向新世纪的献礼。

这套教材力求具有以下特点：

（1）科学定位。本套教材主要用于应用性本科人才的培养。

（2）强调实际、实践、实用，体现“浅、宽、精、新、用”。所谓“浅”，就是要深浅适度；所谓“宽”，就是知识面要宽些；所谓“精”，就是要少而精，不繁琐；所谓“新”，就是要跟踪应用学科前沿，跟踪技术前沿，推陈出新，反映时代要求，反映新理论、新思想、新材料、新技术、新工艺；所谓“用”，就是要理论联系实际，学以致用。

（3）强调特色。就是要体现一般工科院校的特点、特色，符合一般工科院校的实际教学要求，不盲目追求教材的系统性和完整性。

（4）以学生为本。本套教材尽量体现以学生为本、以学生为中心的教育思想，不为教而教，要有利于培养学生自学能力和扩展、发展知识能力，为学生今后持续创造性学习打好基础。

当然，本套教材尽管主观上想以新思想、新体系、新面孔出现在读者面前，但由于是一种新的探索以及其他可能尚未认识到的因素，难免有这样那样的缺点甚至错误，敬请广大教师和学生以及其他读者不吝赐教，以便再版时修正和完善。

本套教材的编审和出版得到了国家机械工业局教编室、机械工业出版社、江苏省教育厅以及各主审、主编和参编学校的大力支持和配合，在此，一并表示衷心感谢。

普通高等教育机械工程及自动化专业机电类规划教材编审委员会

主　任　邱坤荣

于南京

前　言

本习题集是在汲取了近几年来多所高校工科非机类“工程制图”教学中教研教改的经验，根据教育部高等学校工科画法几何与工程制图课程教学指导委员会制定的“画法几何及工程制图、计算机绘图课程教学基本要求”，采用最新的国家标准编写而成的。本习题集与左晓明主编并由机械工业出版社同时出版发行的《工程制图》教材配套使用。

本习题集有以下主要特点：

1）内容和体系结构适合工科非机类专业的特点：注意基础理论以够用为度，重视素质教育，突出应用；大幅度精简了画法几何的内容，加强了基本理论的应用与绘图方法、技能的有关内容，注意和工程实际的结合。

2）注意将仪器图、徒手图和计算机绘图有机组合，内容实用，重点突出。

3）题型多样、题量适中且注重各部分之间的关联性。

4）标准资料全部采用最新国家标准。

本习题集可供高等学校工科非机类各专业学生使用，也可供高职高专、电大、函授和夜大等相近专业学生选用或参考。

本习题集由左晓明任主编，惠学芹任副主编。其中第一章由邵国友编写，第二、三章由吴进编写，第五、六章由惠学芹编写，左晓明编写第四、七、八、九章并最终统稿、定稿。

本习题集由徐文宽担任主审，他对全部稿件进行了审阅，并提出了许多宝贵意见。本习题集在编写过程中还得到了多所高校有关领导和同志的关心和支持，在此一并表示衷心感谢。

由于时间仓促和水平所限，习题集中难免有错漏和不当之处，恳请有关专家和使用本习题集的师生们批评指正。

编者

目　录

第一章　制图的基本知识和技能

1－1　字体练习之一

校核混润冲珠础砂地焊技纸称引外斜数影剖划断

制图基本知识看懂零件的三视图根据视图想出零件的形状并标注尺寸

1234567890ΦR　ABCDEFGHIJKLMNOPQRSTUVWXYZ

班级　　　　学号　　　　姓名

1-2 字体练习之二

部 析 测 例 椰 砌 班 铆 树 出 瓷 炎 多 音 皆 台 泵 架 变 备 类

结 构 分 析 箱 体 盖 板 轴 承 瓦 挡 圈 套 筒 尾 架 体 定 位 套 密 封 盖 单 向 阀 活 塞 球

0123456789φ 0123456789φ 0123456789φ

班级 学号 姓名

1－3　字体练习之三

装委思空竖弯录荷花筑笔岸岩全堂前室窗呈罗昆

滑块泵壳压板拉紧螺堵操纵斜盘说明牌配油其余后视光六角头螺栓型

1234567890 1234567890 Φ I II III IV V VI VII VIII IX X

班级　　学号　　姓名

1-4 字体练习之四

材料比非放钻钉衬规对路砂静助结期轴隧钢件仿

槽形母半圆沉头锥端紧定钉调整弹簧止退垫圈开口销普通平键半圆与

0123456789R abcdefghijklmnopqrstuvwxyz αβγδπ

班级 学号 姓名

1-5 按照左图式样在右边抄画图形（尺寸按图量取）

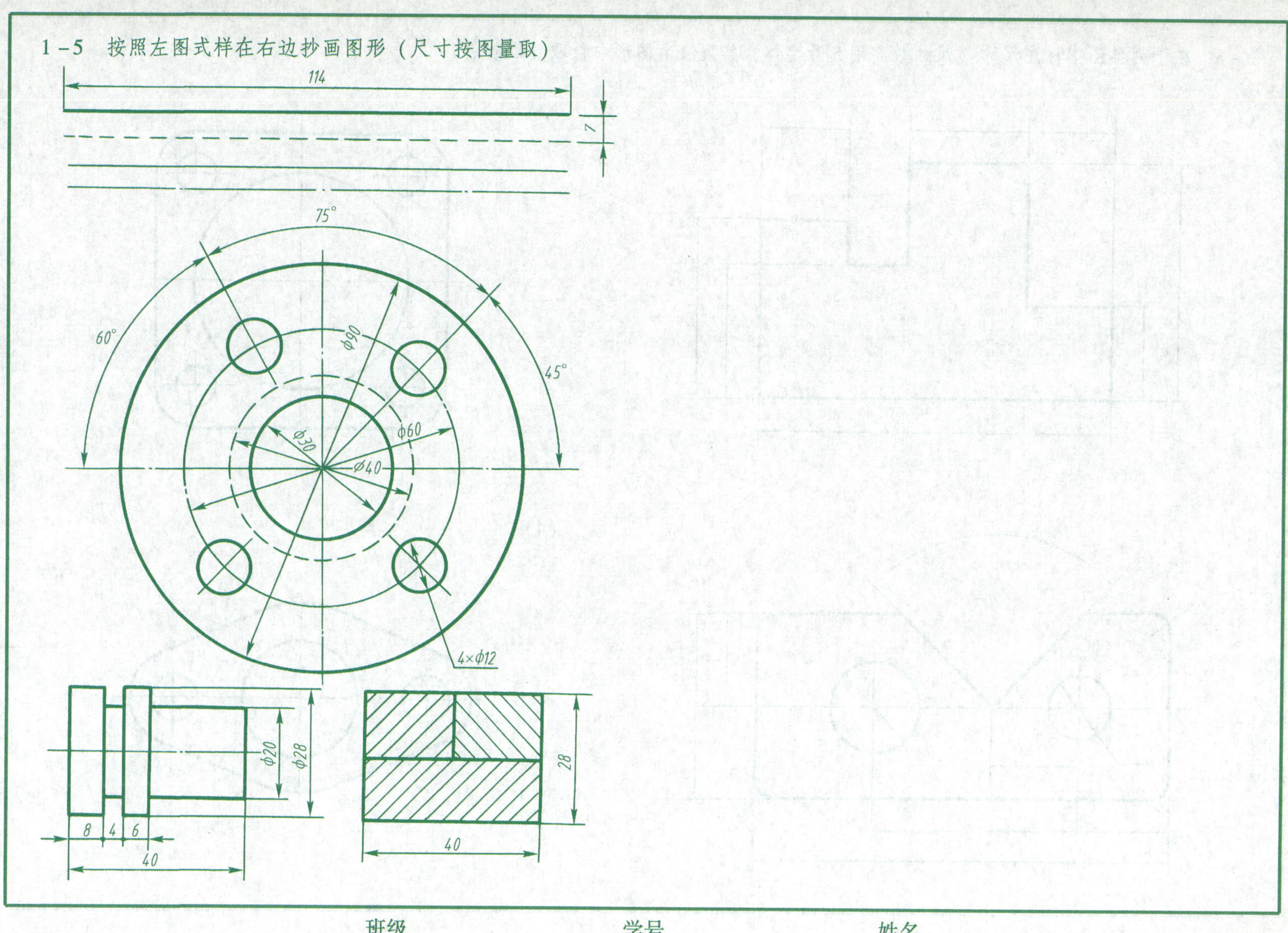

班级 学号 姓名

1-6 在下列各图中标注尺寸（尺寸数字用5号字体，其数值由图形中量取并取整数）

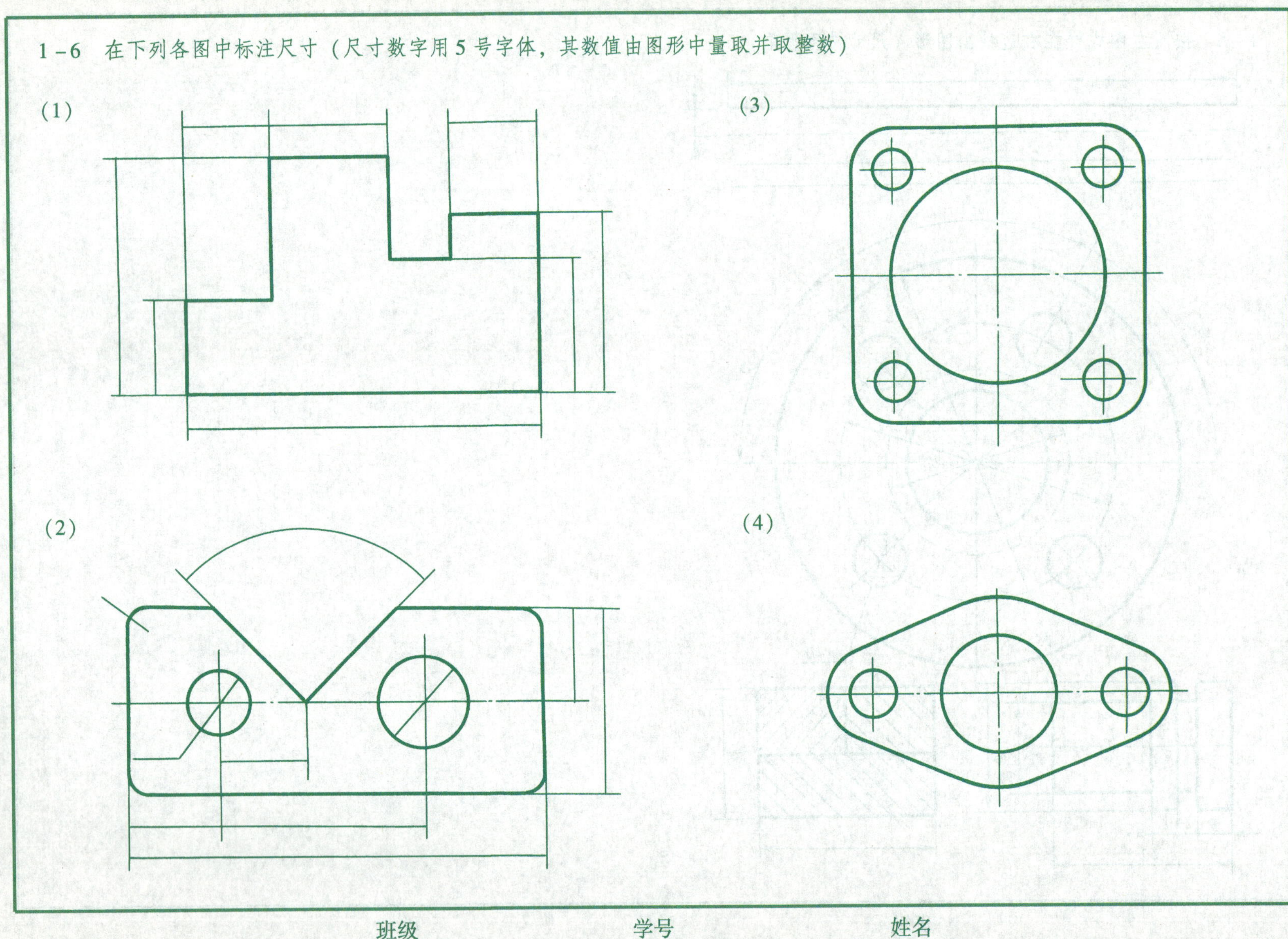

班级 学号 姓名

1-7 按图完成圆弧连接，并用粗实线加深

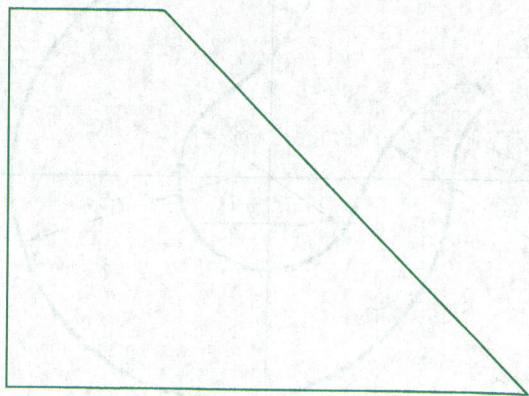

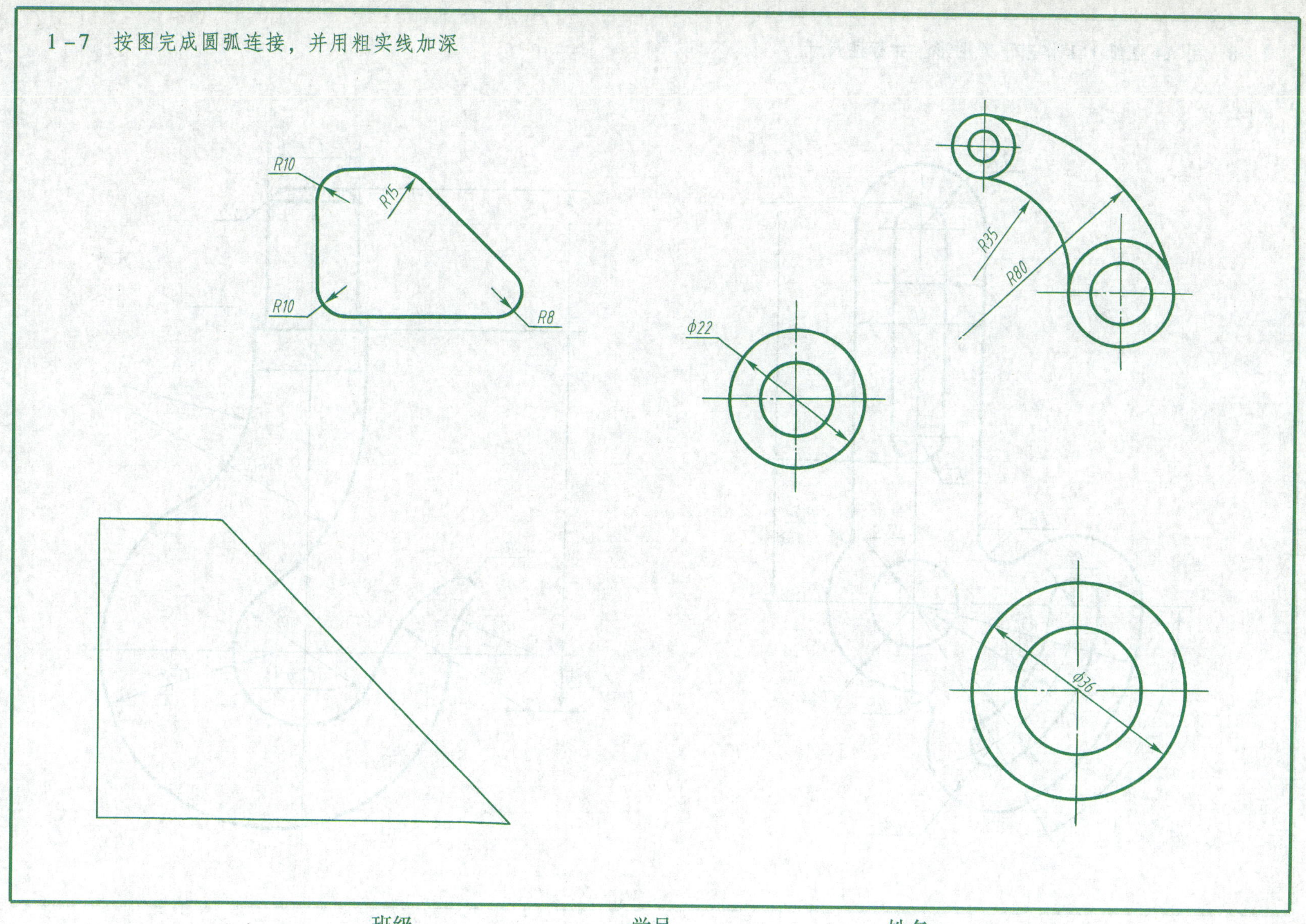

班级 学号 姓名

1-8 用 A4 图纸 1:1 作出下列图形，并标注尺寸

(1) (2)

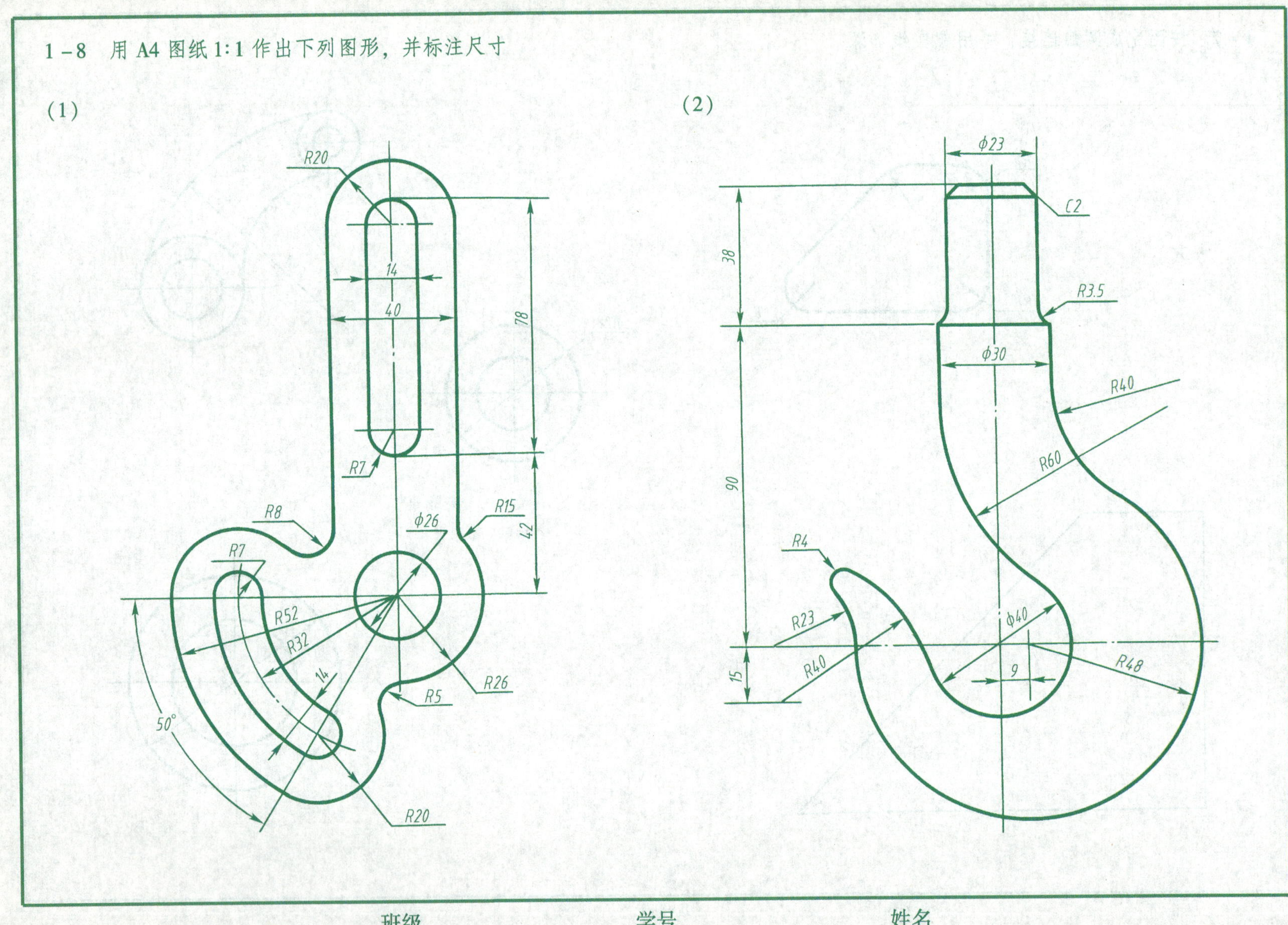

班级 学号 姓名

第二章　基本立体的视图

2－1　根据物体的三视图，找出对应的立体图（在括号中填写对应的序号）

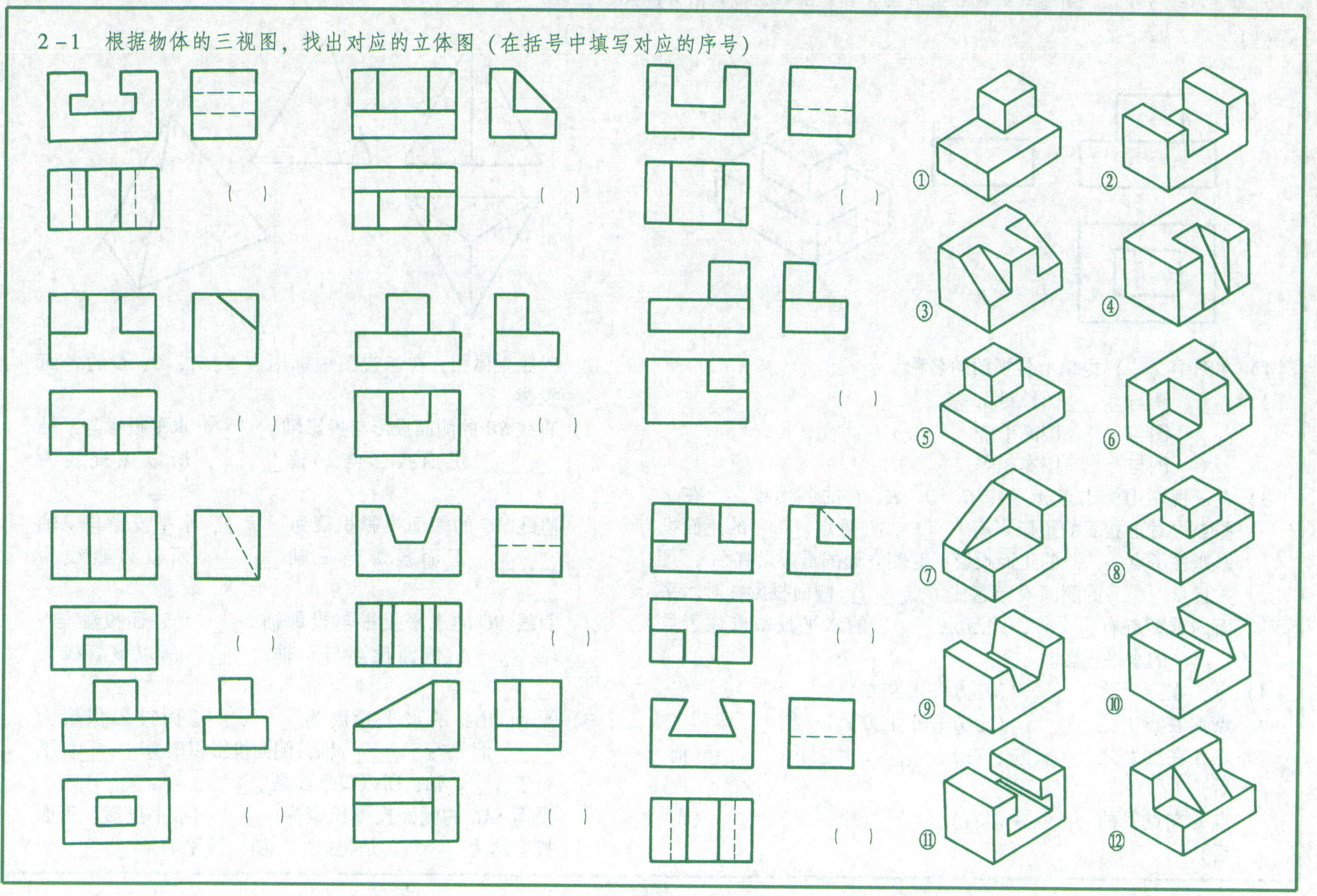

班级　　　　学号　　　　姓名

2-2 根据立体图，补画三视图中漏画的图线，并按要求作图及填空

(1)

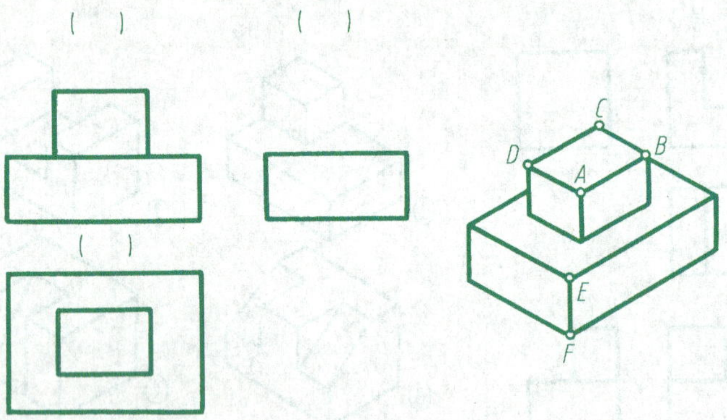

( ) ( )

( )

C D B A E F

1）在图中（ ）内填上各视图的名称。

2）______图与______图长对正

______图与______图高平齐

______图与______图宽相等

3）在三视图中标出点 *A*、*B*、*C*、*D*、*E*、*F* 的各面投影。在这些点中对正立面的重影点有______，并且点______的正面投影遮住了点______的正面投影；对侧立面的重影点有______，并且点______的侧面投影遮住了点______侧面投影；对水平面的重影点有______，并且点______的水平投影遮住了点______的水平投影。

4）点 *A* 在点 *B* 之______。（左方、正左方）

点 *E* 在点 *F* 之______。（上方、正上方）。

点 *A* 在点 *C* 之____（左、右）、____（上、下）、____（前、后）。

点 *A* 在点 *F* 的____（左、右）、____（上、下）、____（前、后）。

(2)

S A C B

1）参照立体图，在三视图中标出点 *S*、*A*、*B*、*C* 的各面投影。

2）直线 *SB* 的侧面投影与投影轴______，水平投影与 *y* 轴______，正面投影与 *z* 轴______，所以该直线为______。

直线 *AC* 的侧面投影积聚为______，水平投影与 *y* 轴______，正面投影与 *z* 轴______，所以该直线为______。

直线 *BC* 的水平投影与投影轴______，正面投影与 *x* 轴______，侧面投影与 *y* 轴______，所以该直线为______。

3）平面 *ABC* 的水平投影为______，正面投影积聚为______且平行于______轴，侧面投影积聚为______且平行于______轴，所以该平面是______。

平面 *SAC* 的侧面投影积聚为______，水平投影、正面投影均为______，是类似形，所以该平面是______。

班级　　　　学号　　　　姓名

2-2（续）

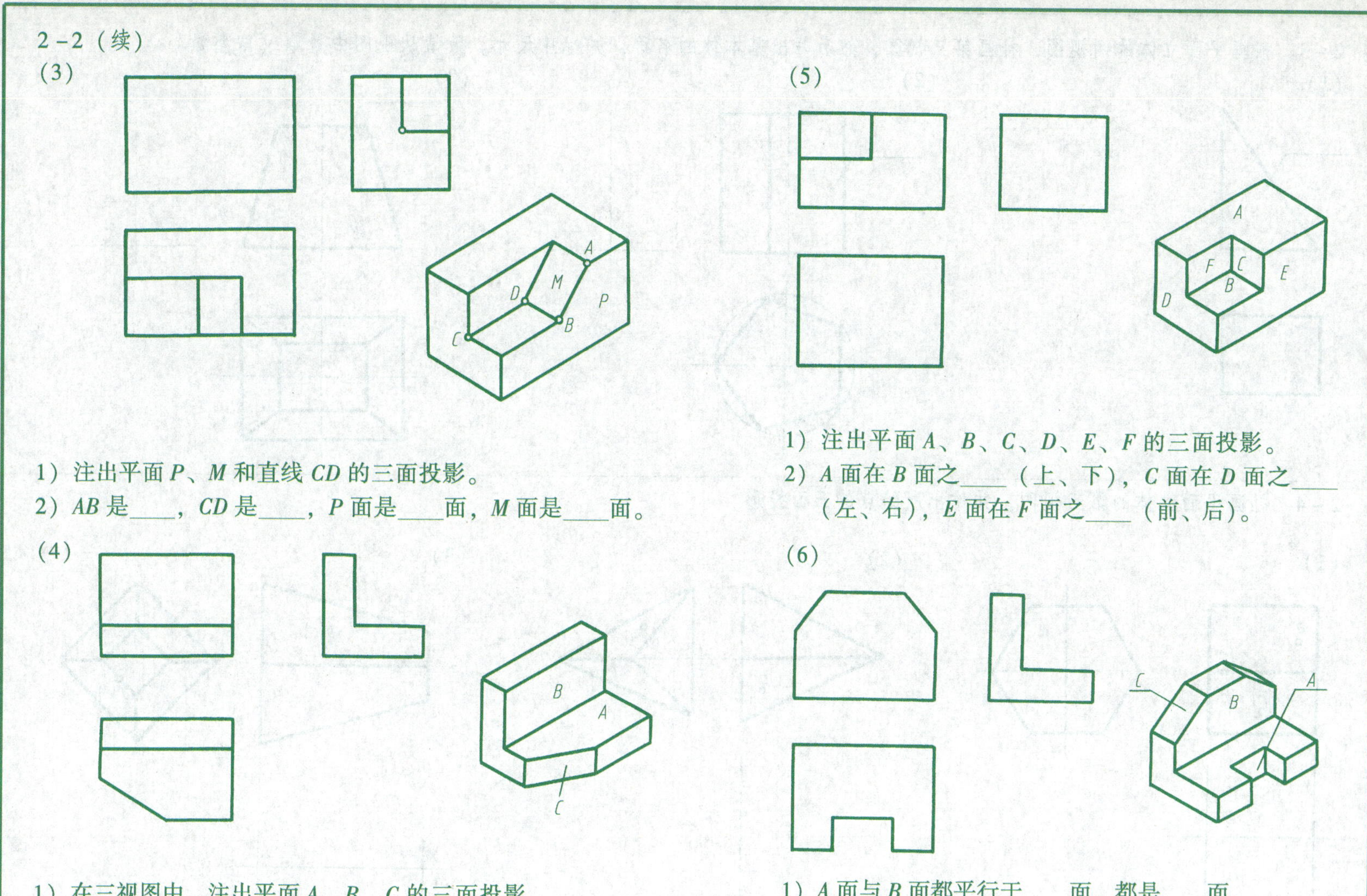

(3)

1）注出平面 *P*、*M* 和直线 *CD* 的三面投影。

2）*AB* 是____，*CD* 是____，*P* 面是____面，*M* 面是____面。

(4)

1）在三视图中，注出平面 *A*、*B*、*C* 的三面投影。

2）*A* 面是____面，*B* 面是____面，*C* 面是____面。

(5)

1）注出平面 *A*、*B*、*C*、*D*、*E*、*F* 的三面投影。

2）*A* 面在 *B* 面之____（上、下），*C* 面在 *D* 面之____（左、右），*E* 面在 *F* 面之____（前、后）。

(6)

1）*A* 面与 *B* 面都平行于____面，都是____面。

2）*C* 面是____面，其____面投影有积聚性，为____。

班级　　　　学号　　　　姓名

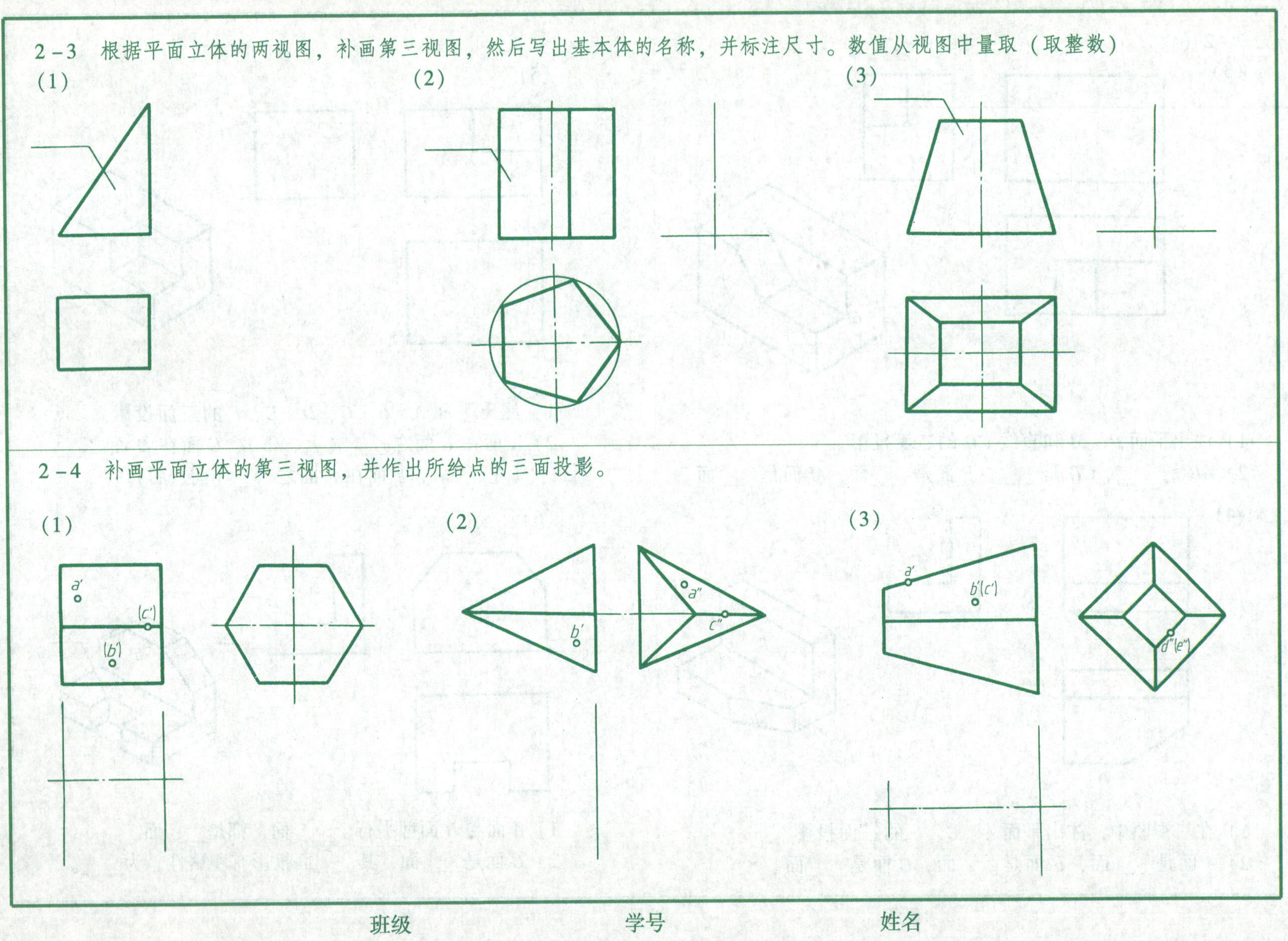
2－3　根据平面立体的两视图，补画第三视图，然后写出基本体的名称，并标注尺寸。数值从视图中量取（取整数）
(1)
(2)
(3)
2－4　补画平面立体的第三视图，并作出所给点的三面投影。
(1)
a′
(c′)
(b′)
(2)
a″
c″
b′
(3)
a′
b′(c′)
d″(e″)
班级
学号
姓名

2-5 参照立体图完成切割体的视图，并给第（2）、（4）小题标注尺寸。数值从视图中量取（取整数）

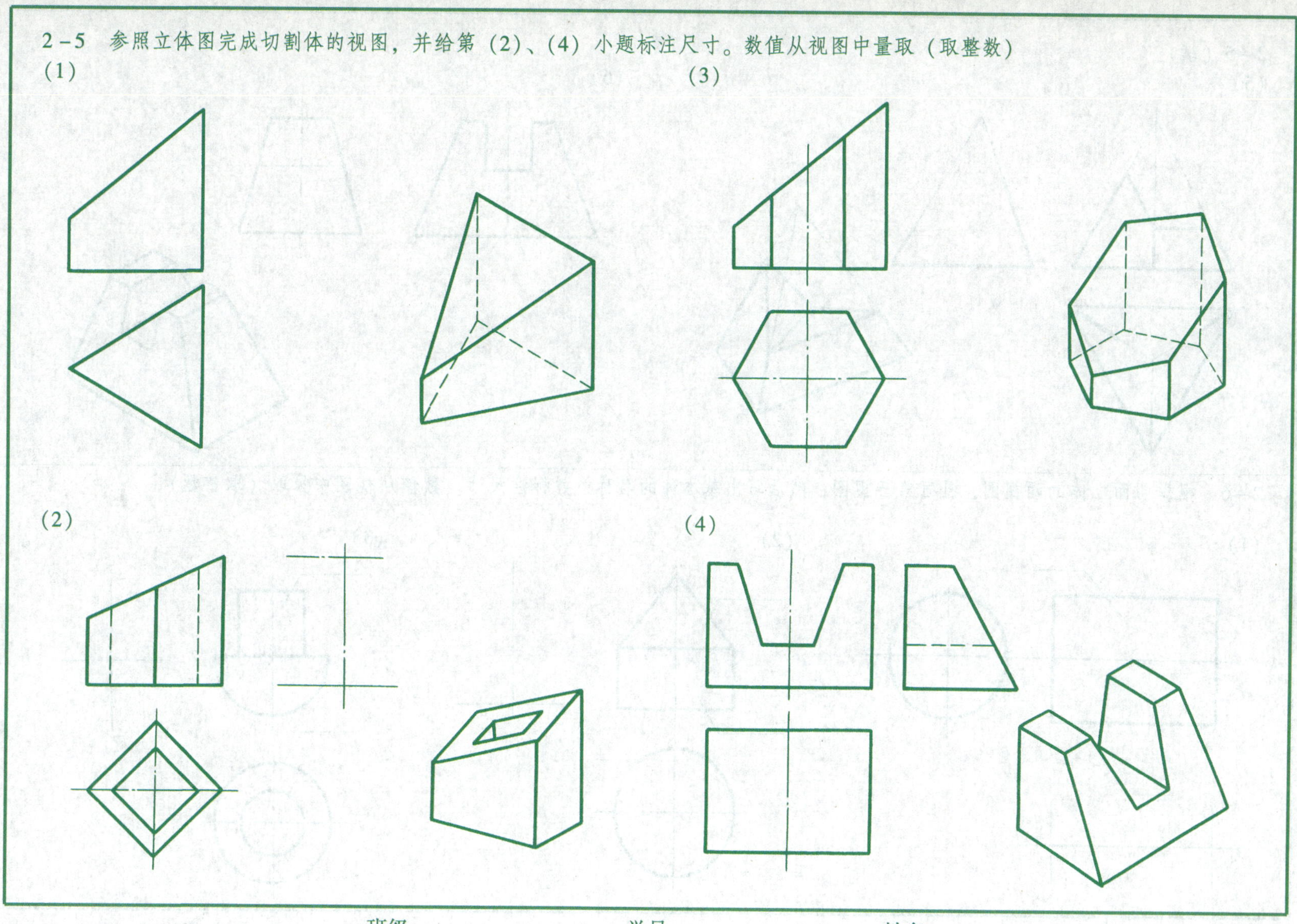

班级　　　　　　　　　　　学号　　　　　　　　　　　姓名

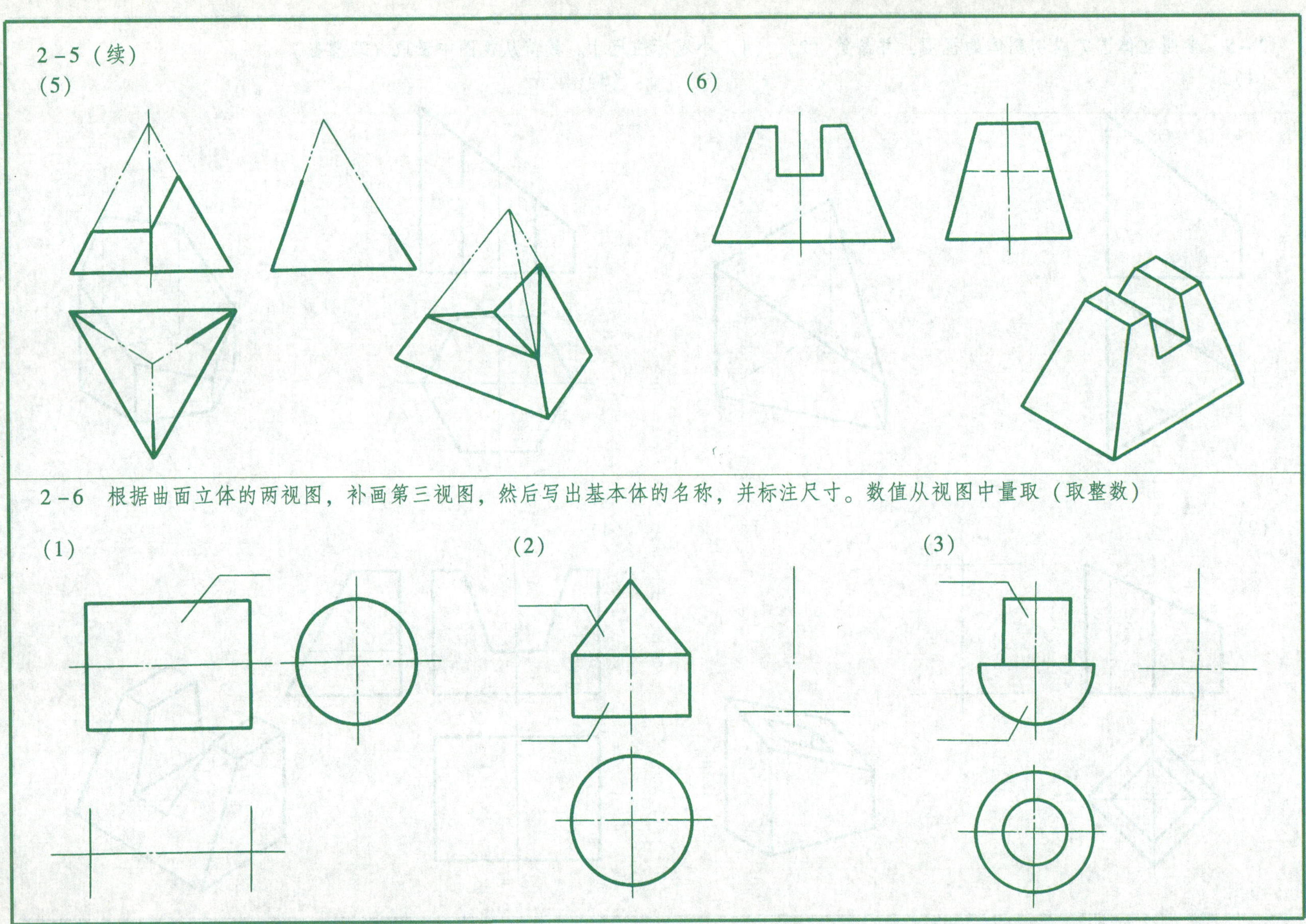
2-5（续）
(5)
(6)
2-6 根据曲面立体的两视图，补画第三视图，然后写出基本体的名称，并标注尺寸。数值从视图中量取（取整数）
(1)
(2)
(3)

班级　　　　学号　　　　姓名

2-7 补画第三视图，并作出所给点的三面投影

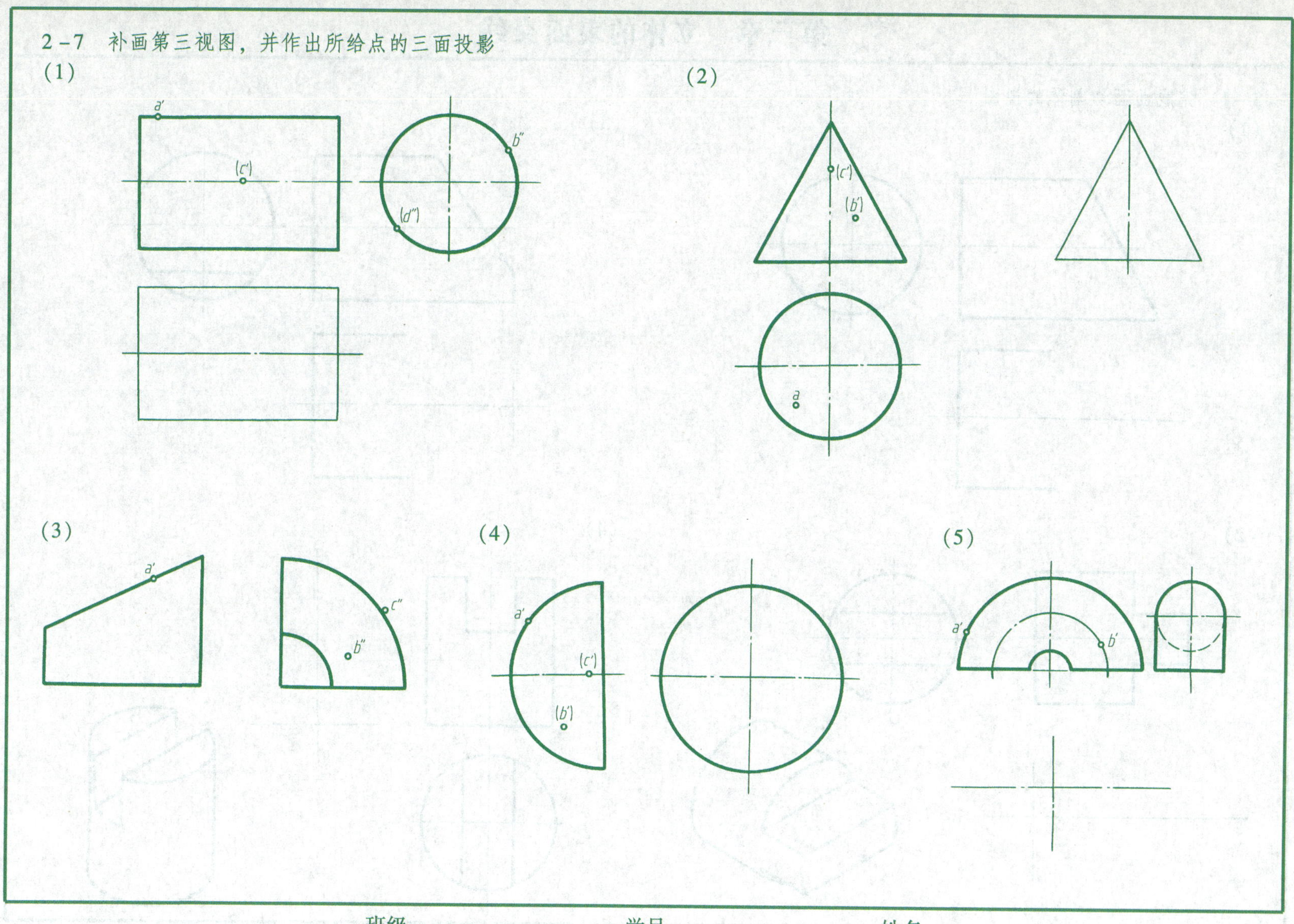

第三章　立体的表面交线

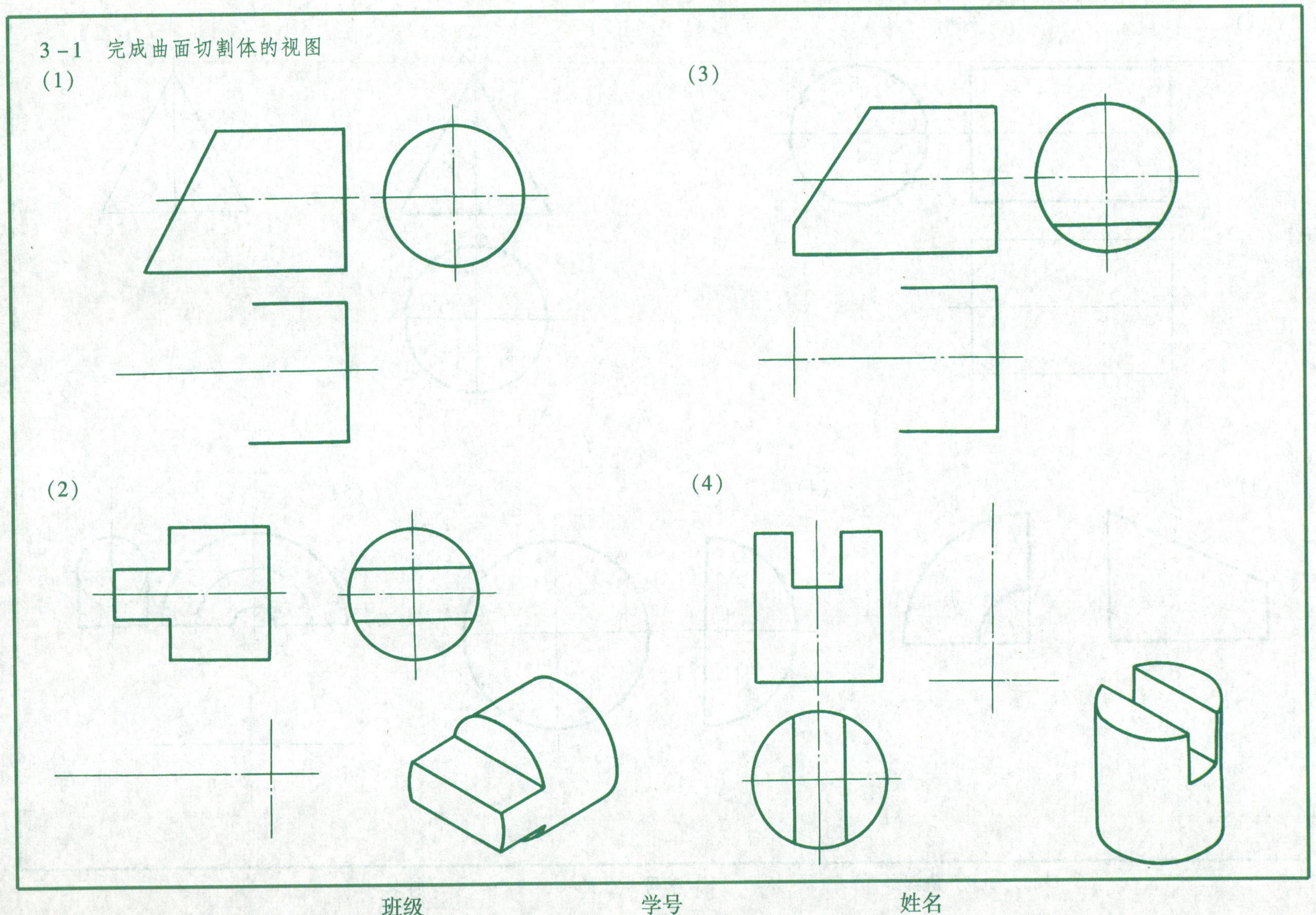
3－1　完成曲面切割体的视图
(1)
(3)
(2)
(4)
班级
学号
姓名

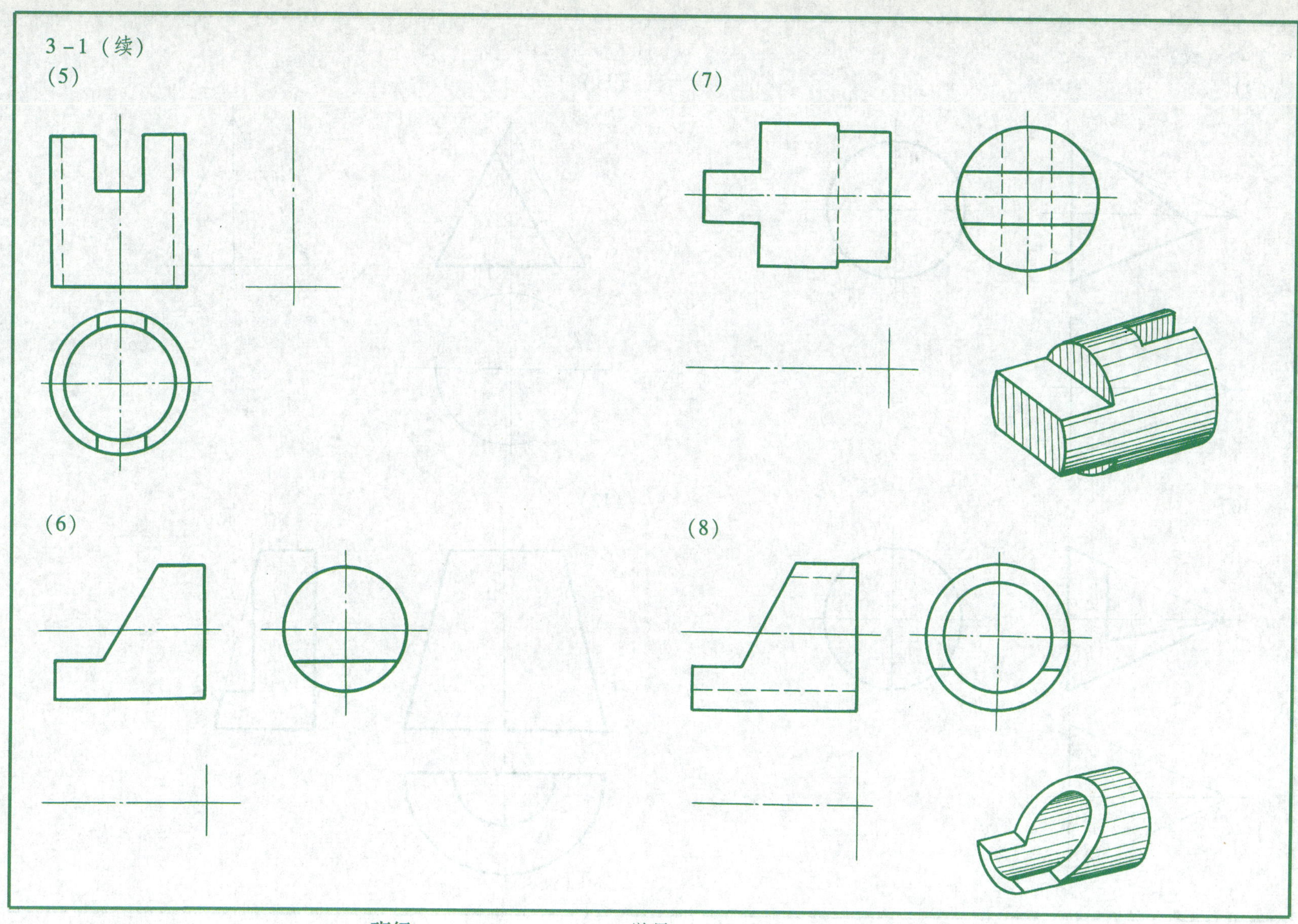

班级　　　　学号　　　　姓名

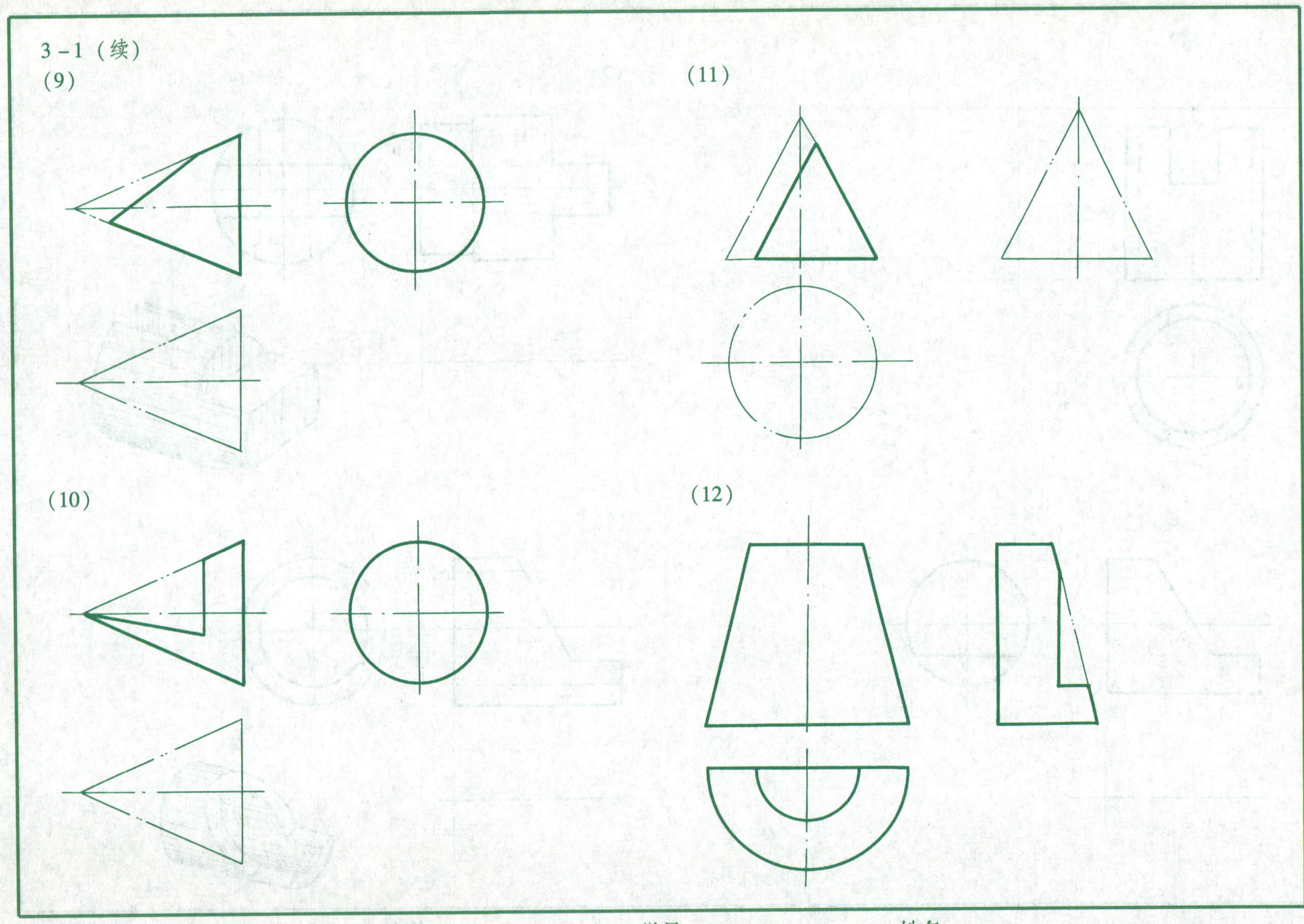

班级 学号 姓名

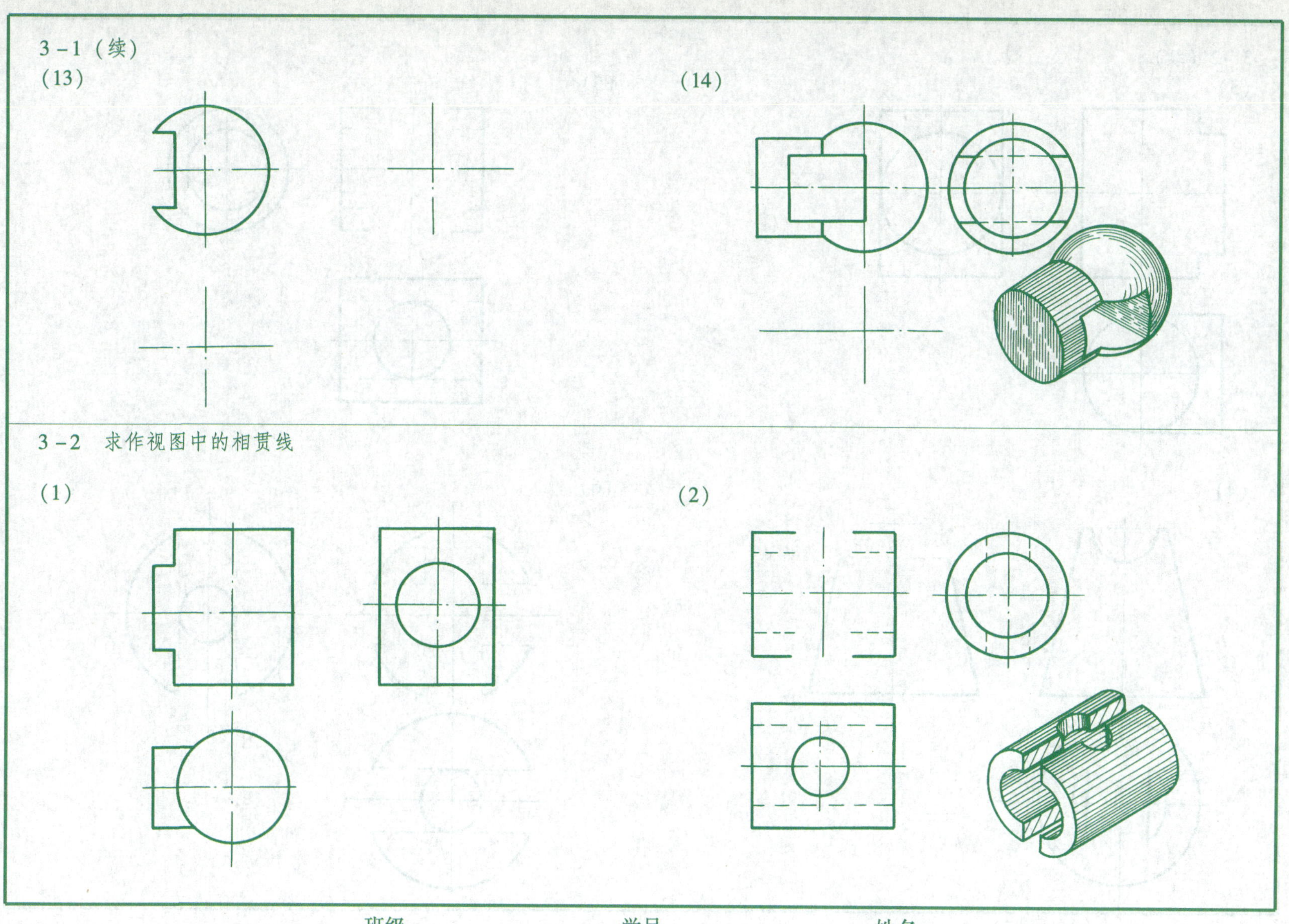
3－1（续）
(13)
(14)
3－2　求作视图中的相贯线
(1)
(2)

班级　　学号　　姓名

3－2（续）

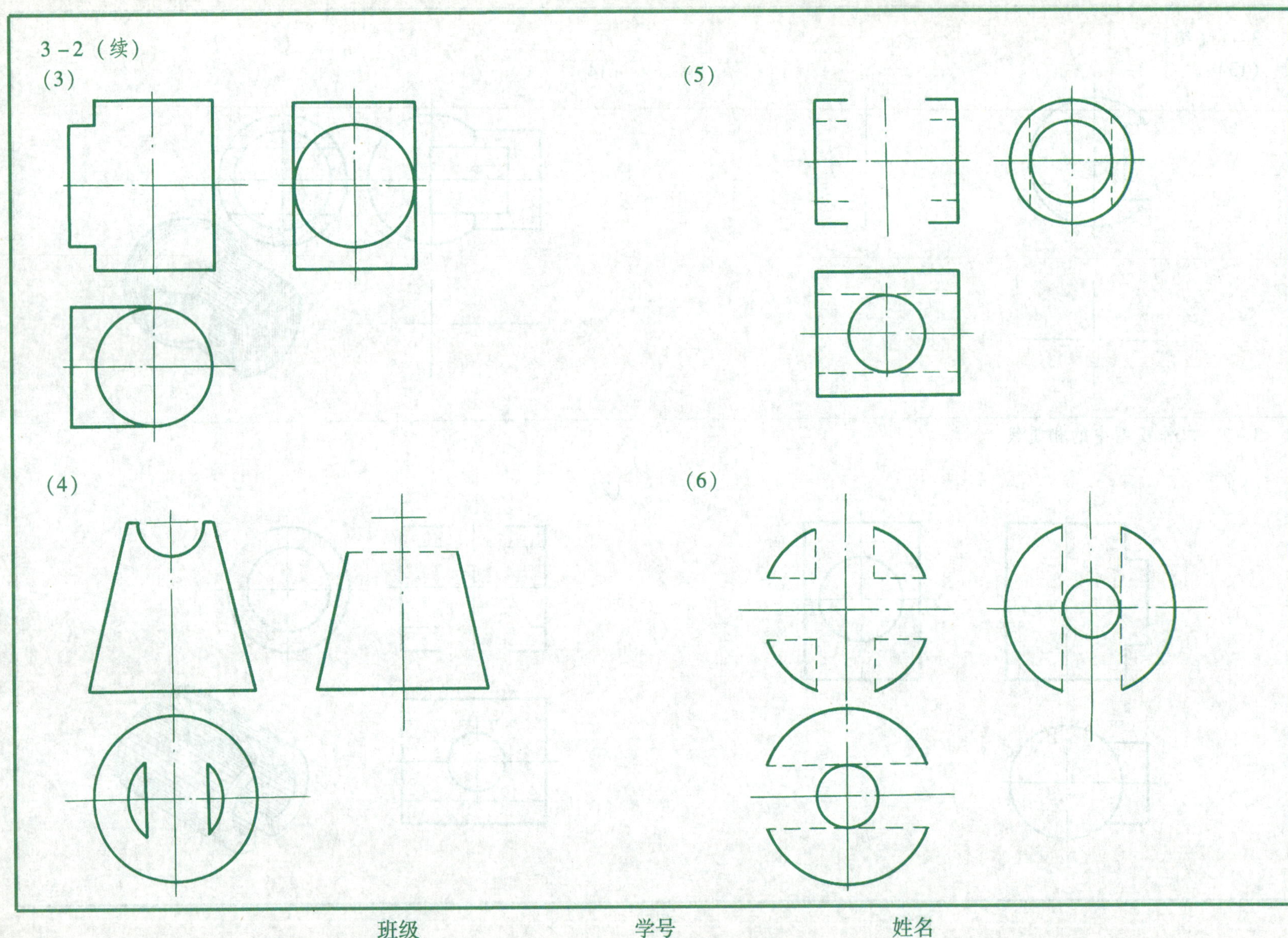

班级　　学号　　姓名

3－2（续）

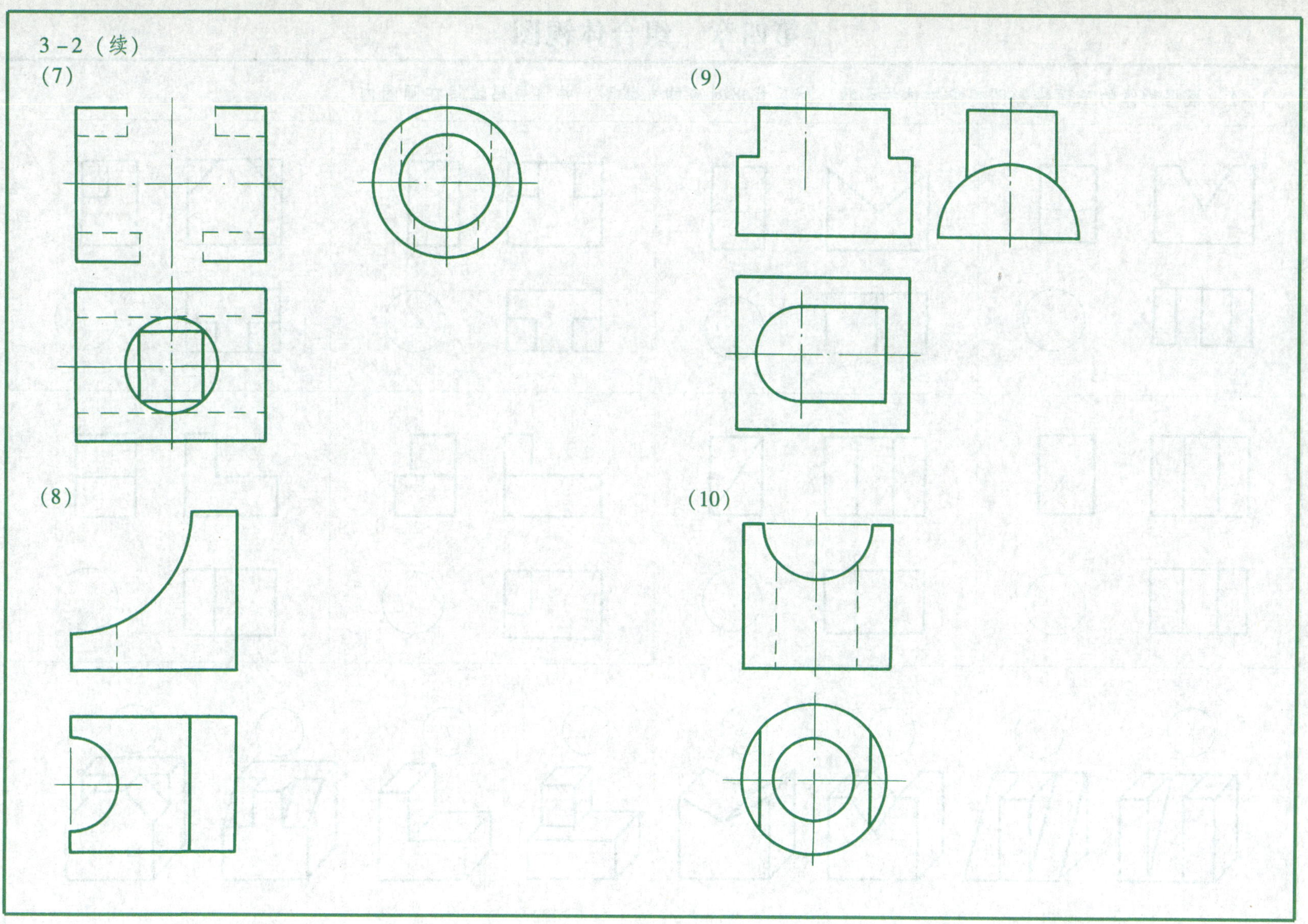

班级　　学号　　姓名

第四章　组合体视图

4－1　根据物体的三面投影图想象物体的形状，然后找出对应的立体图，并将号码填写在圆圈内

1　2　3　4　5　6　7　8

班级　　　　学号　　　　姓名

4－2　根据给出的物体直观图和二面投影图，补画其第三投影

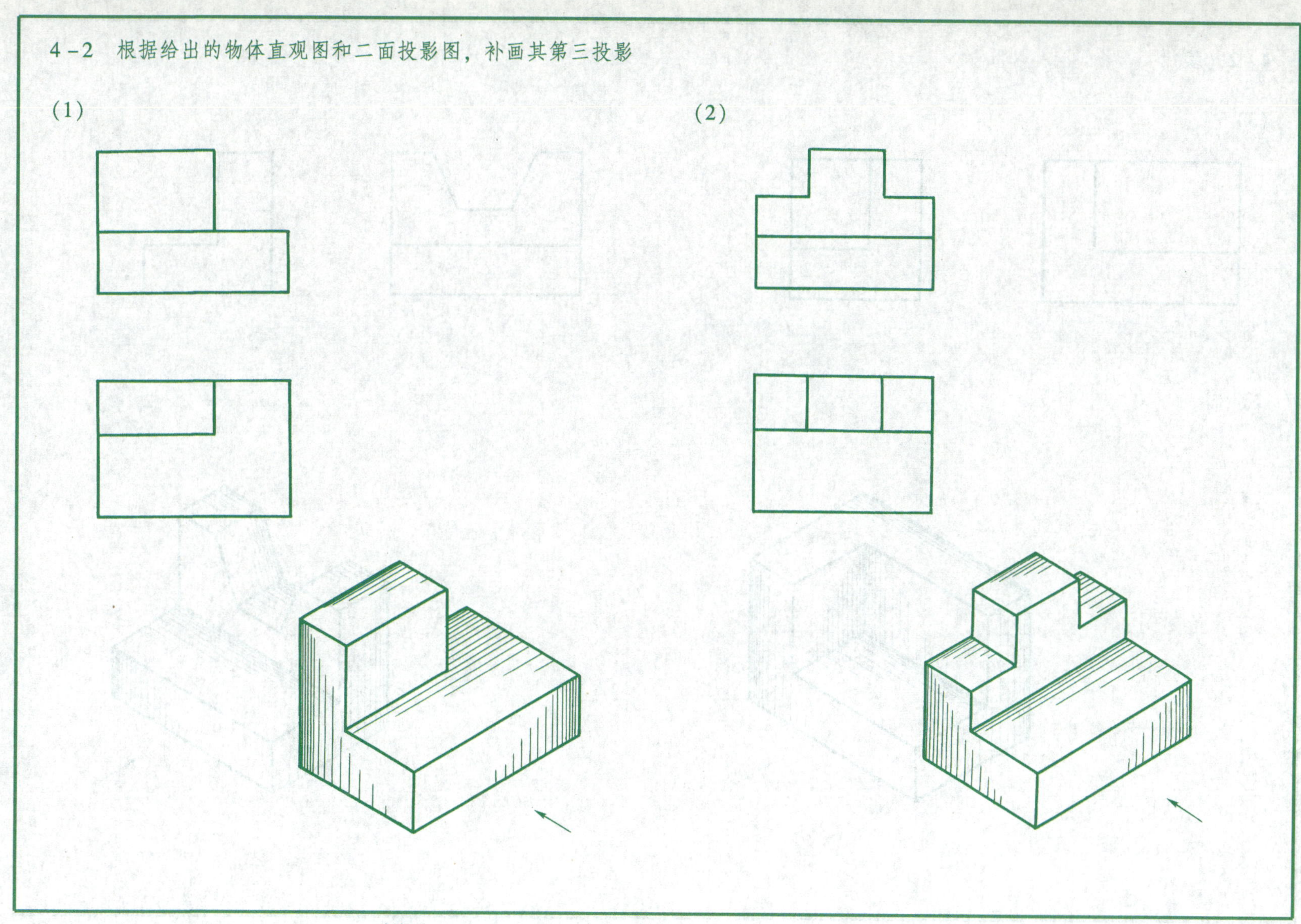

班级　　　　学号　　　　姓名

4－2（续）

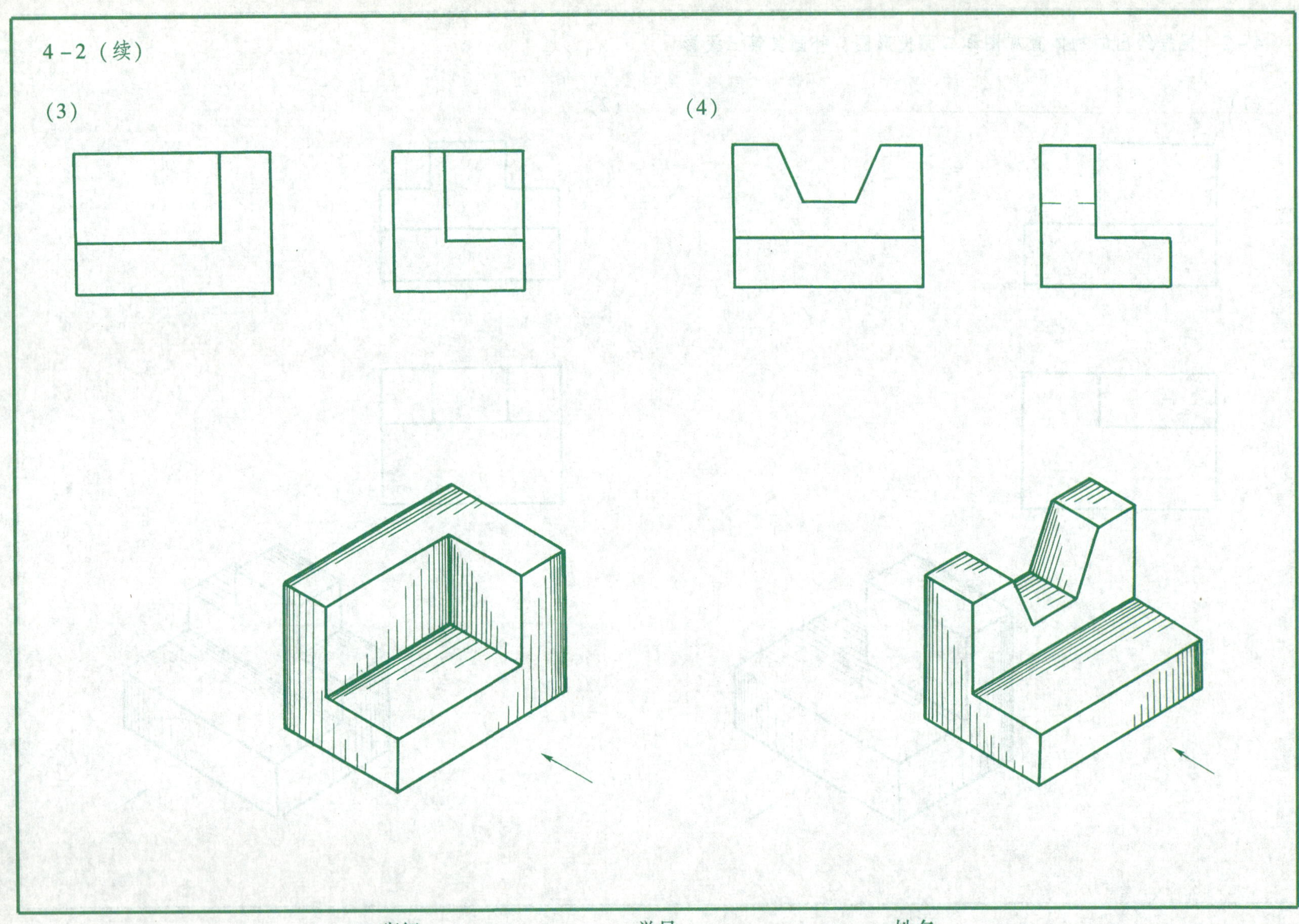

班级 学号 姓名

4-3 根据物体的直观图，画出物体的三面投影图（尺寸由直观上量取并取整数，箭头所指为主视方向）

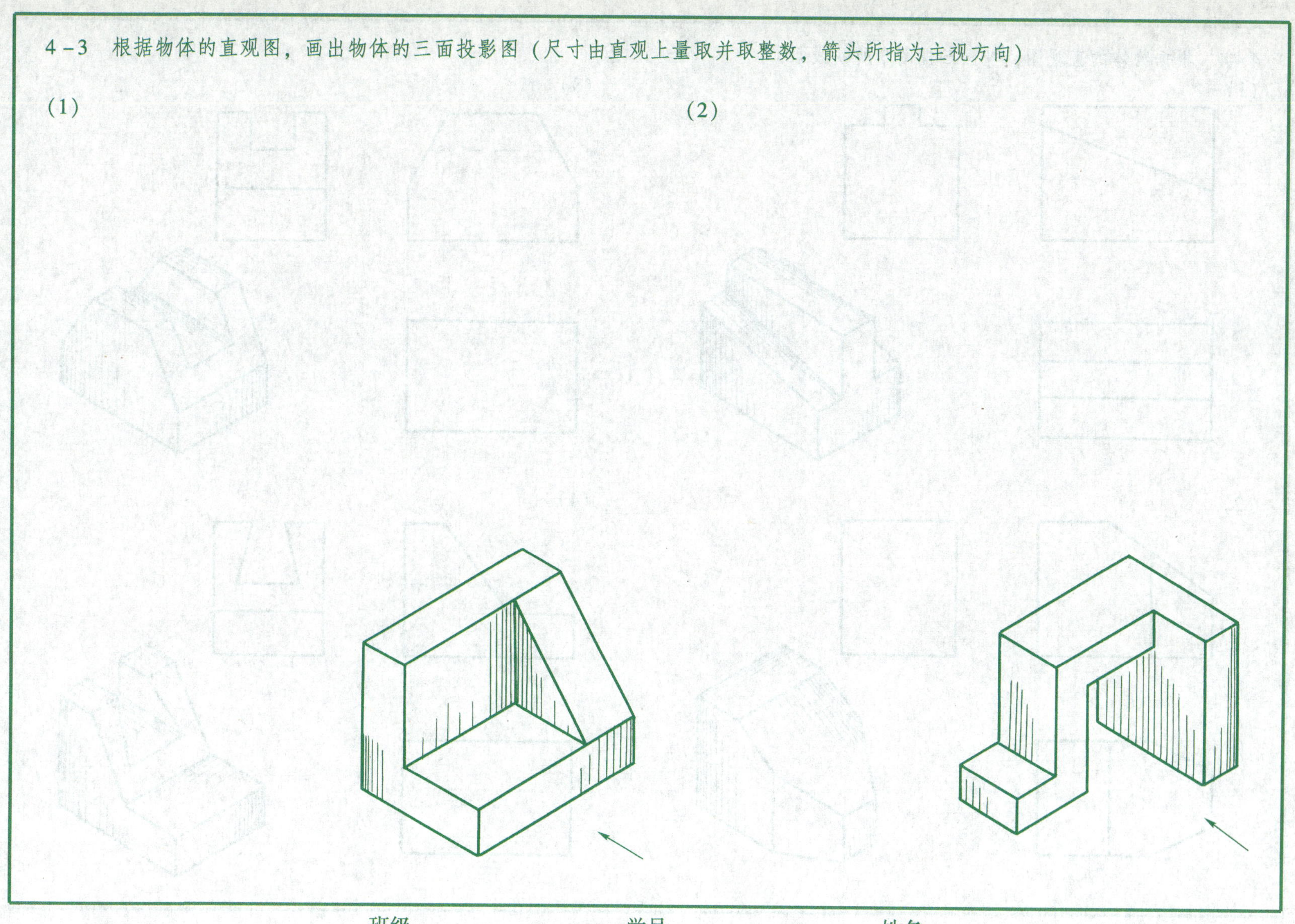

班级　　　　　　　　学号　　　　　　　　姓名

4-4 根据物体的直观图，补画三视图中所缺线条

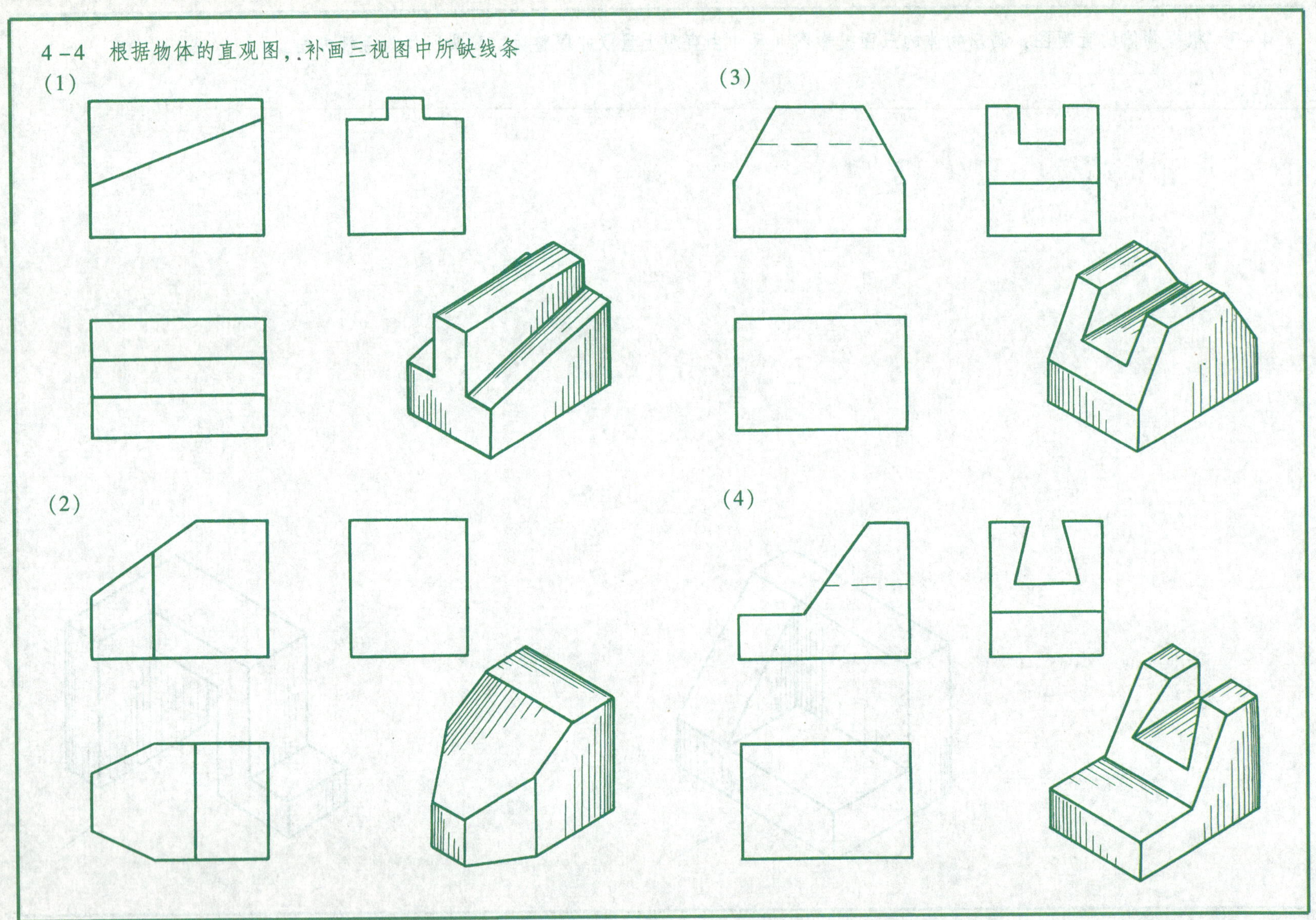

班级　　　　学号　　　　姓名

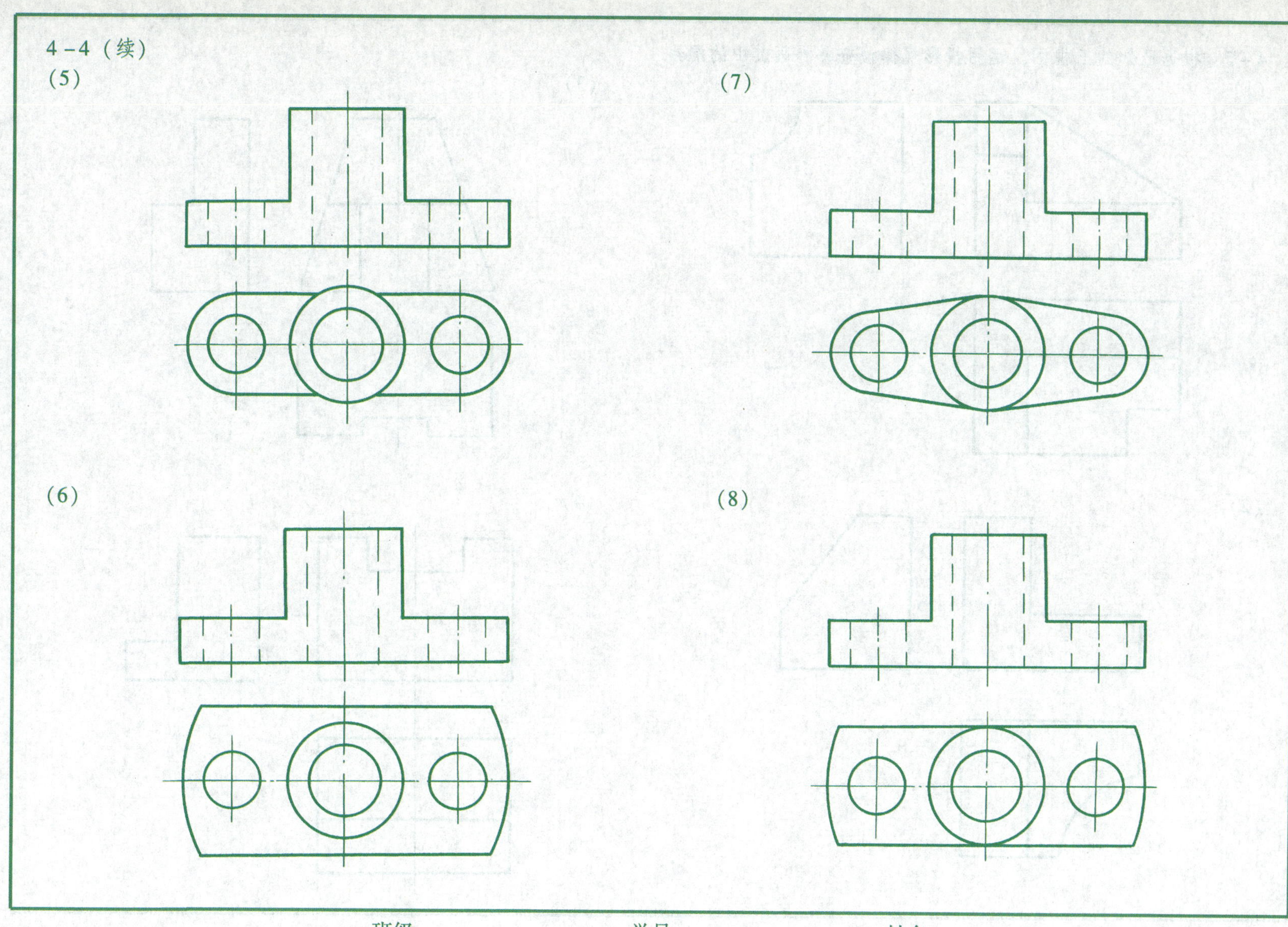

班级　　学号　　姓名

4-5 根据已知的三视图，运用投影规律检查并补画其中的漏线

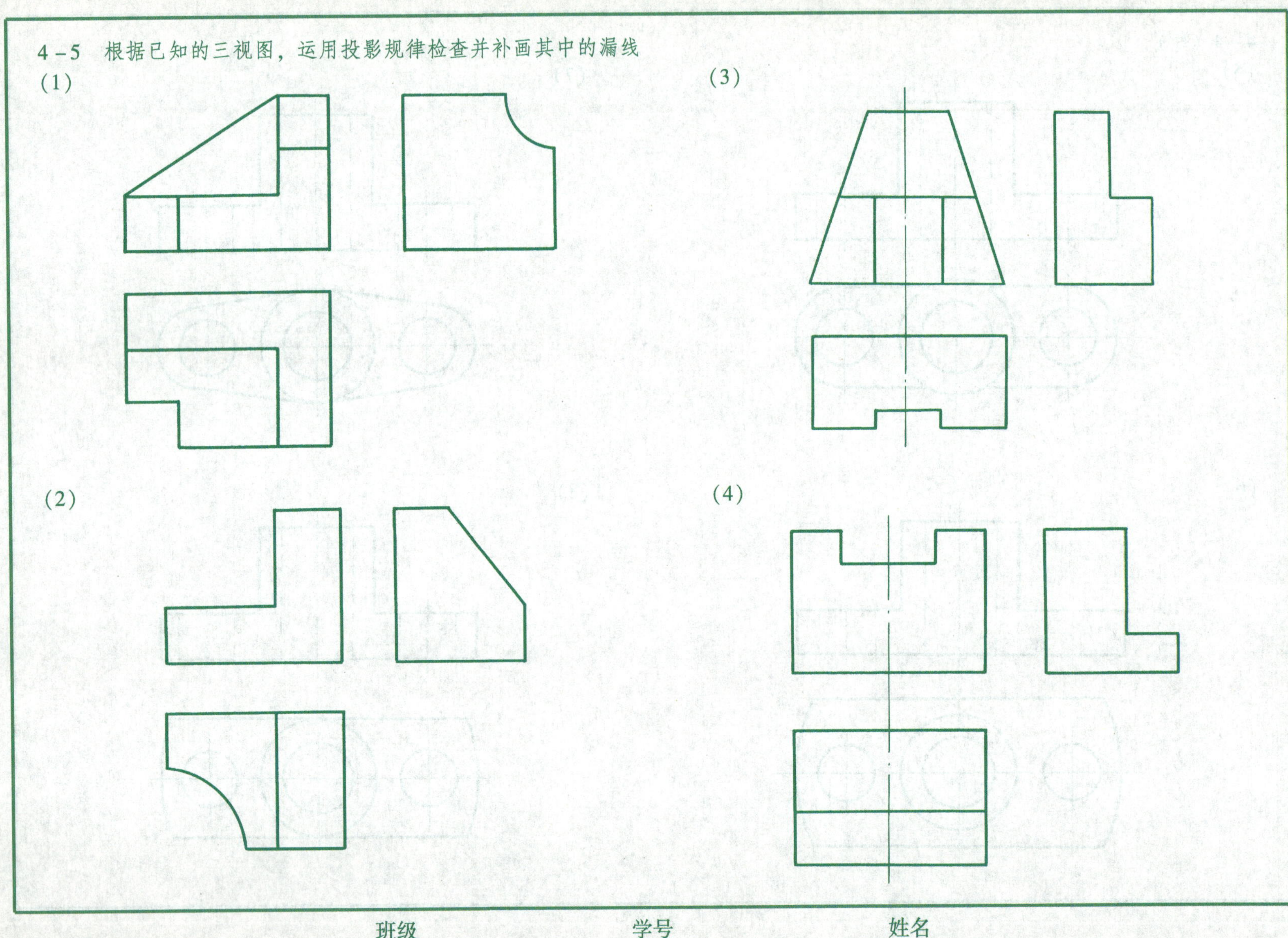

班级　　　　学号　　　　姓名

4－5（续）

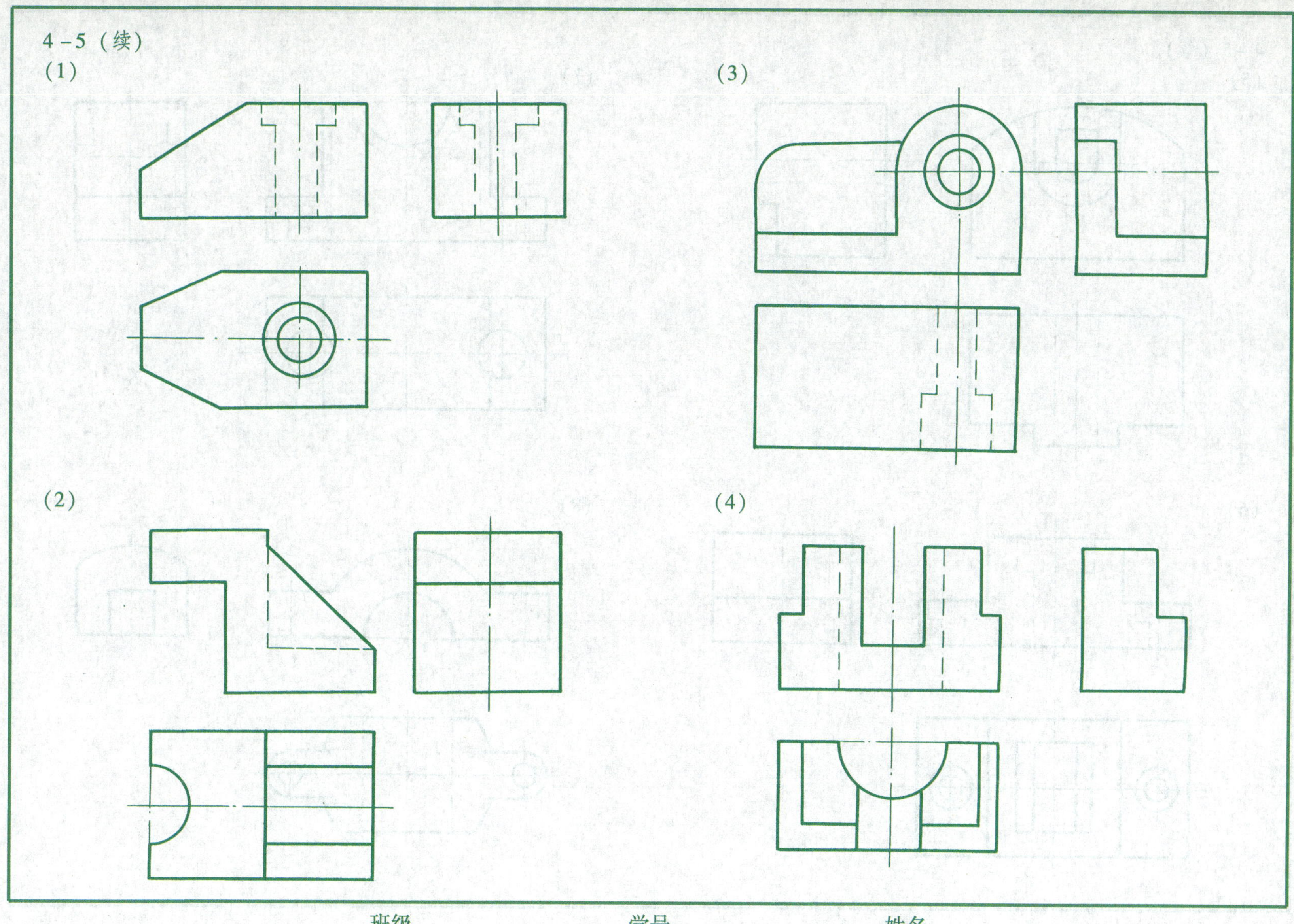

班级　　　　学号　　　　姓名

4-5（续）

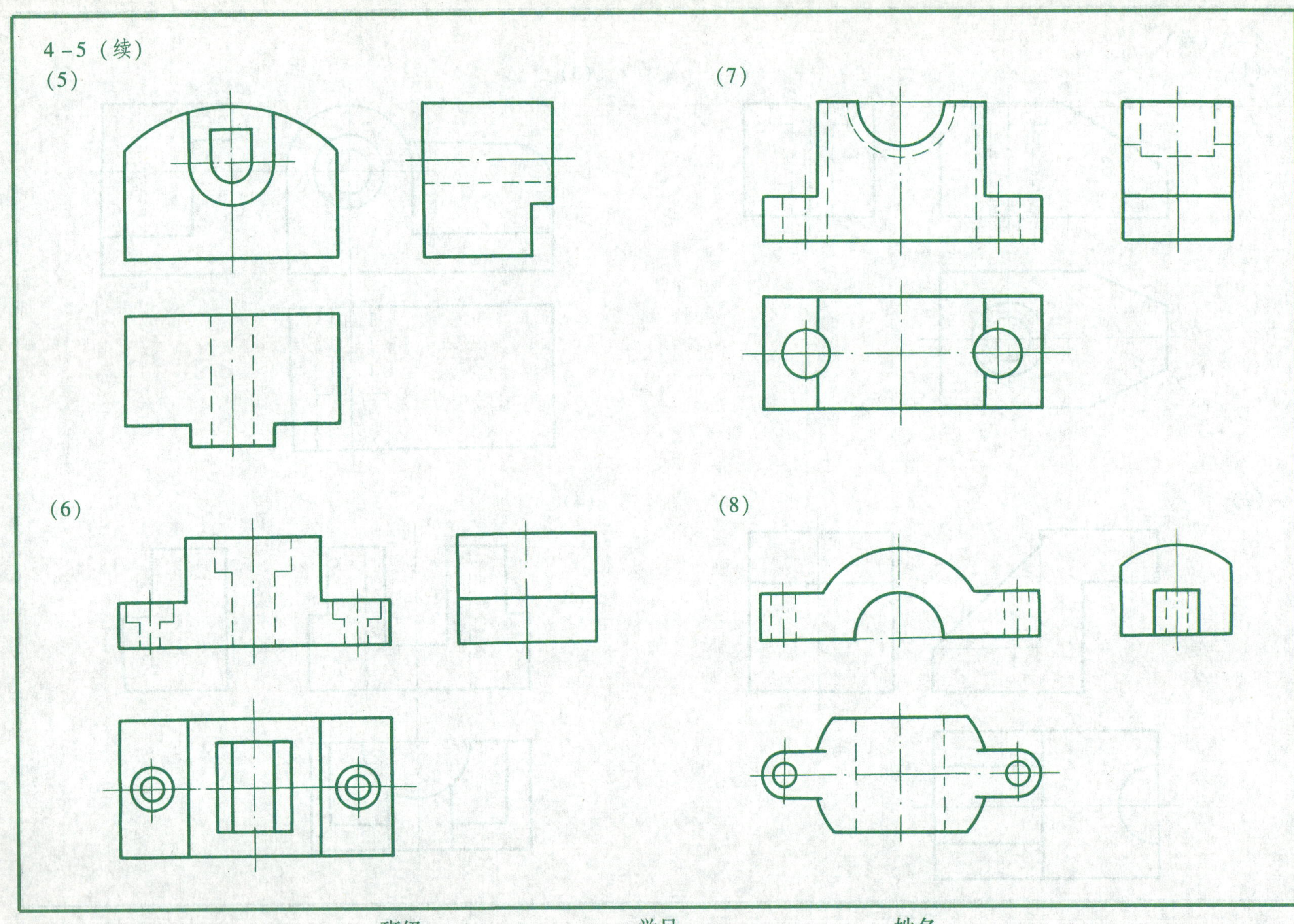

班级　　学号　　姓名

4－6　根据物体的直观图及其尺寸，在 A3 图纸上画出物体的三视图

(1)　　　　　　　　　　　　　　　　(2)

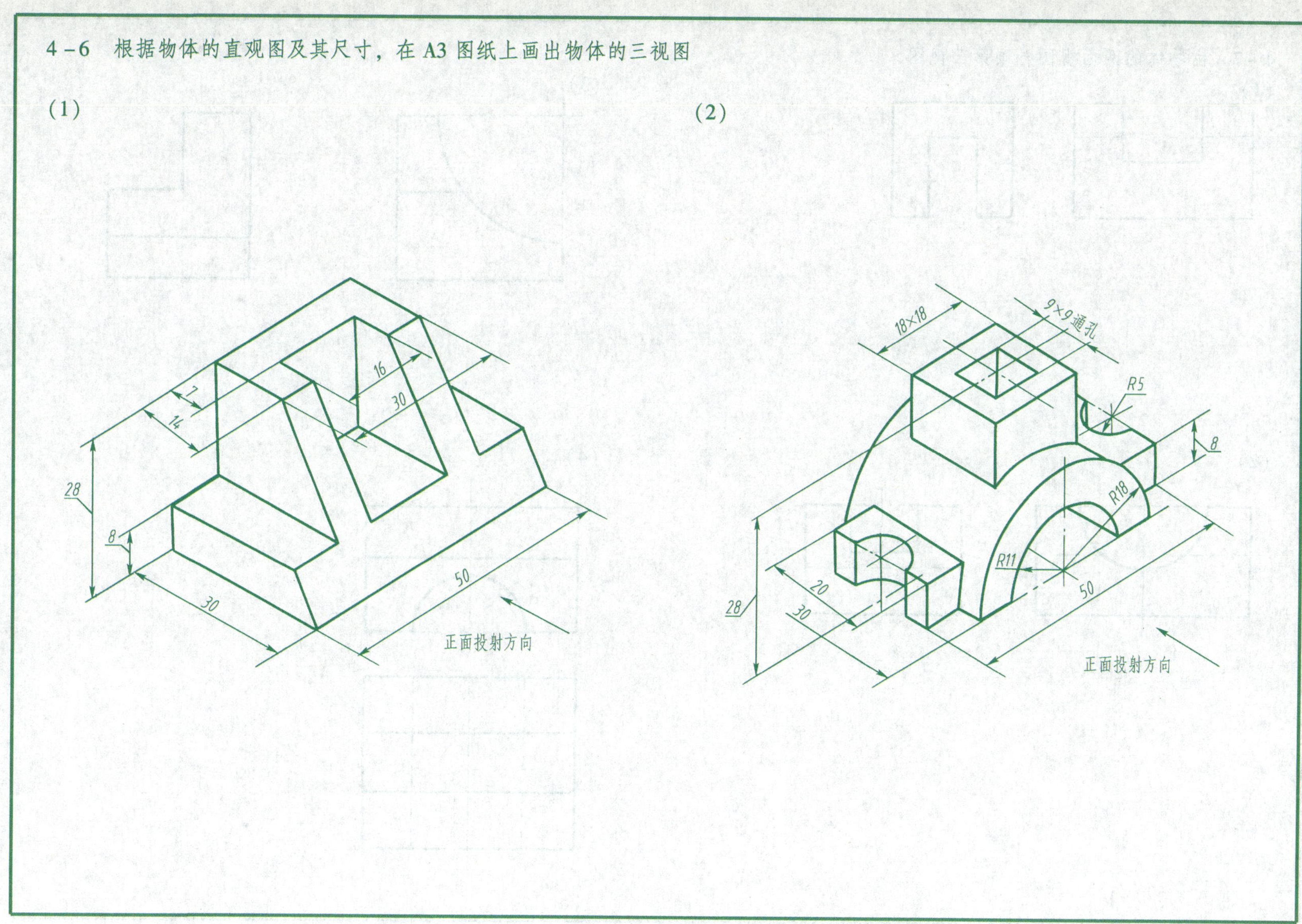

班级　　　　　　　　学号　　　　　　　　姓名

4－7 由物体的两面视图补画第三视图

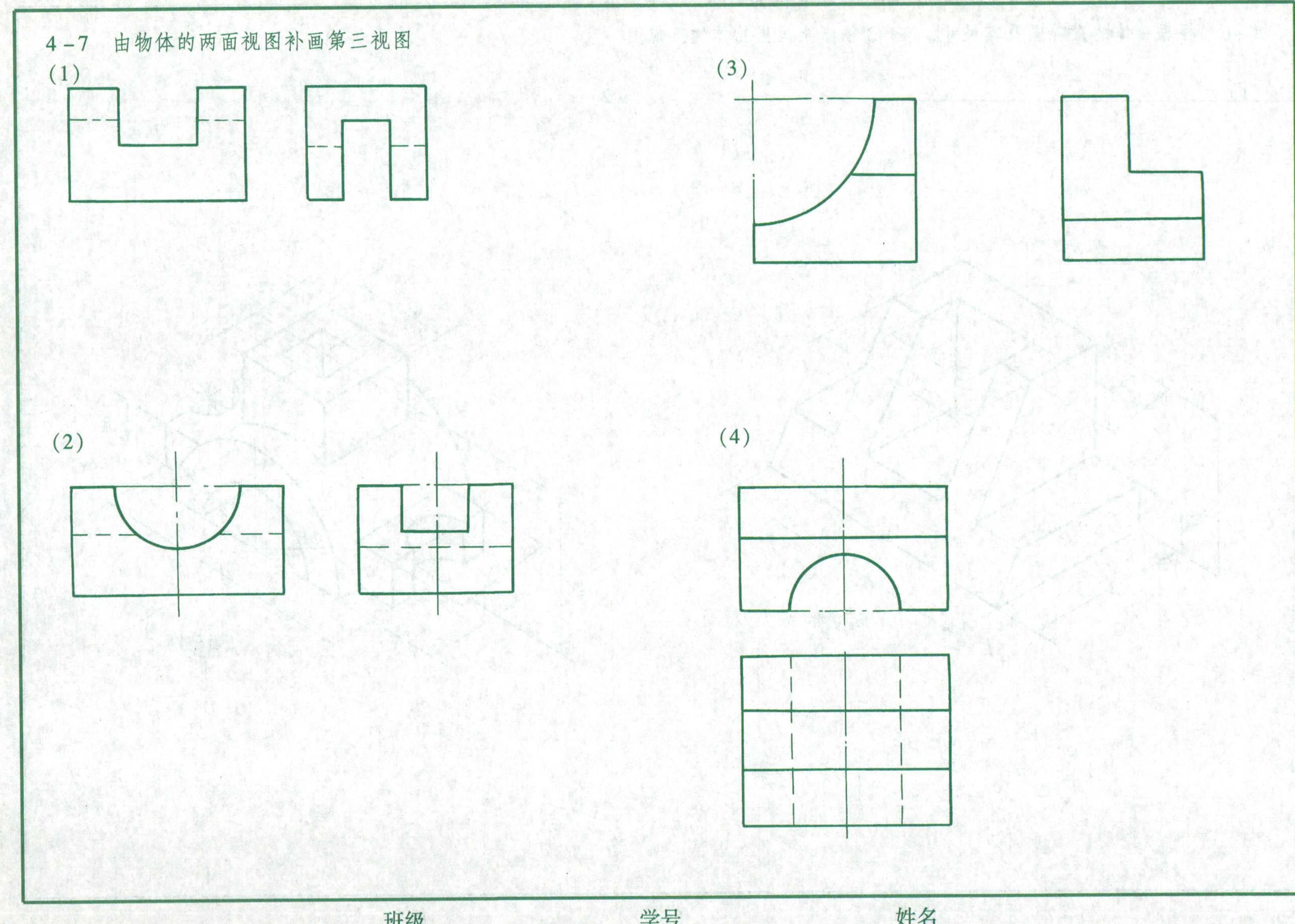

班级　　　　学号　　　　姓名

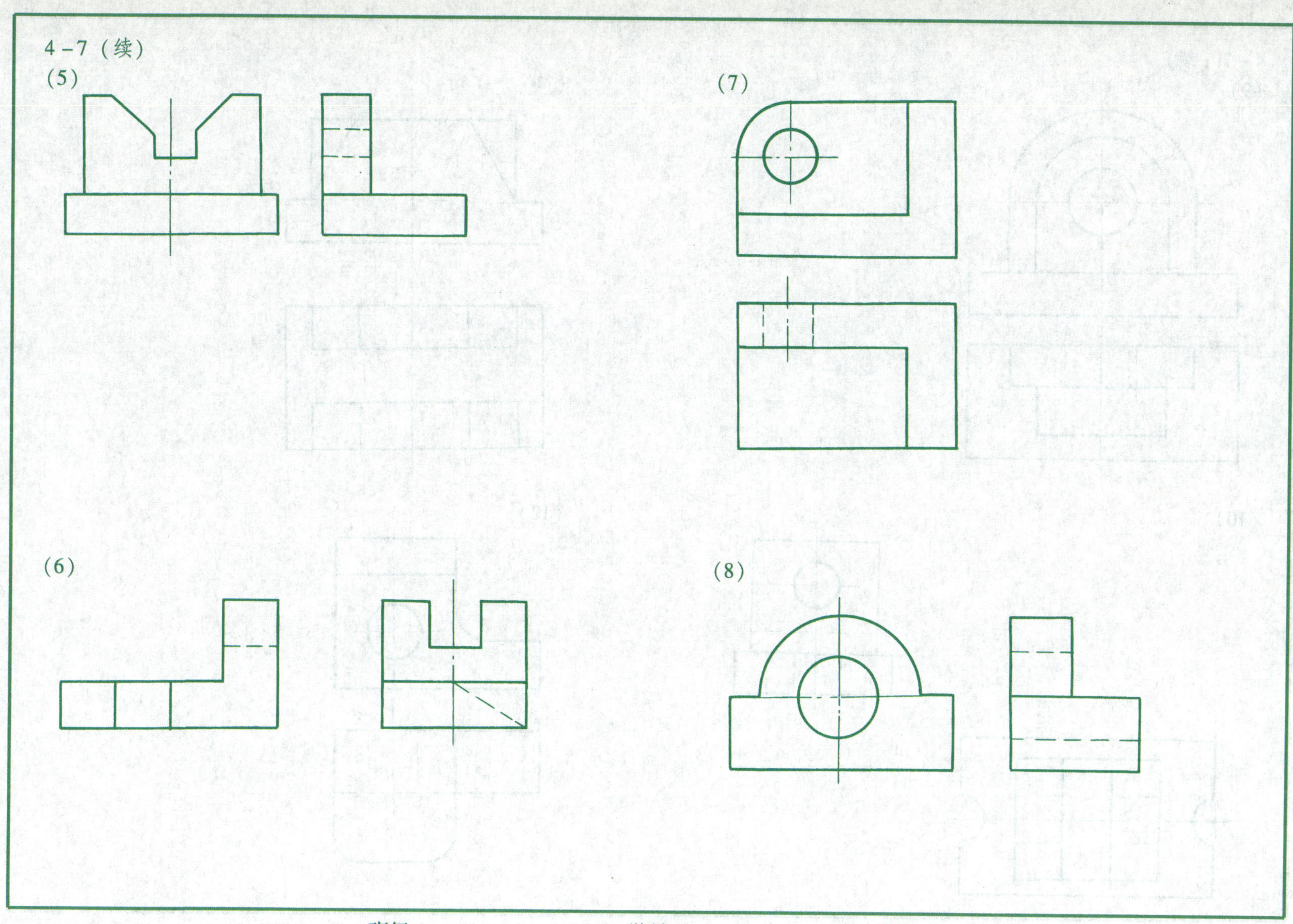

班级　　学号　　姓名

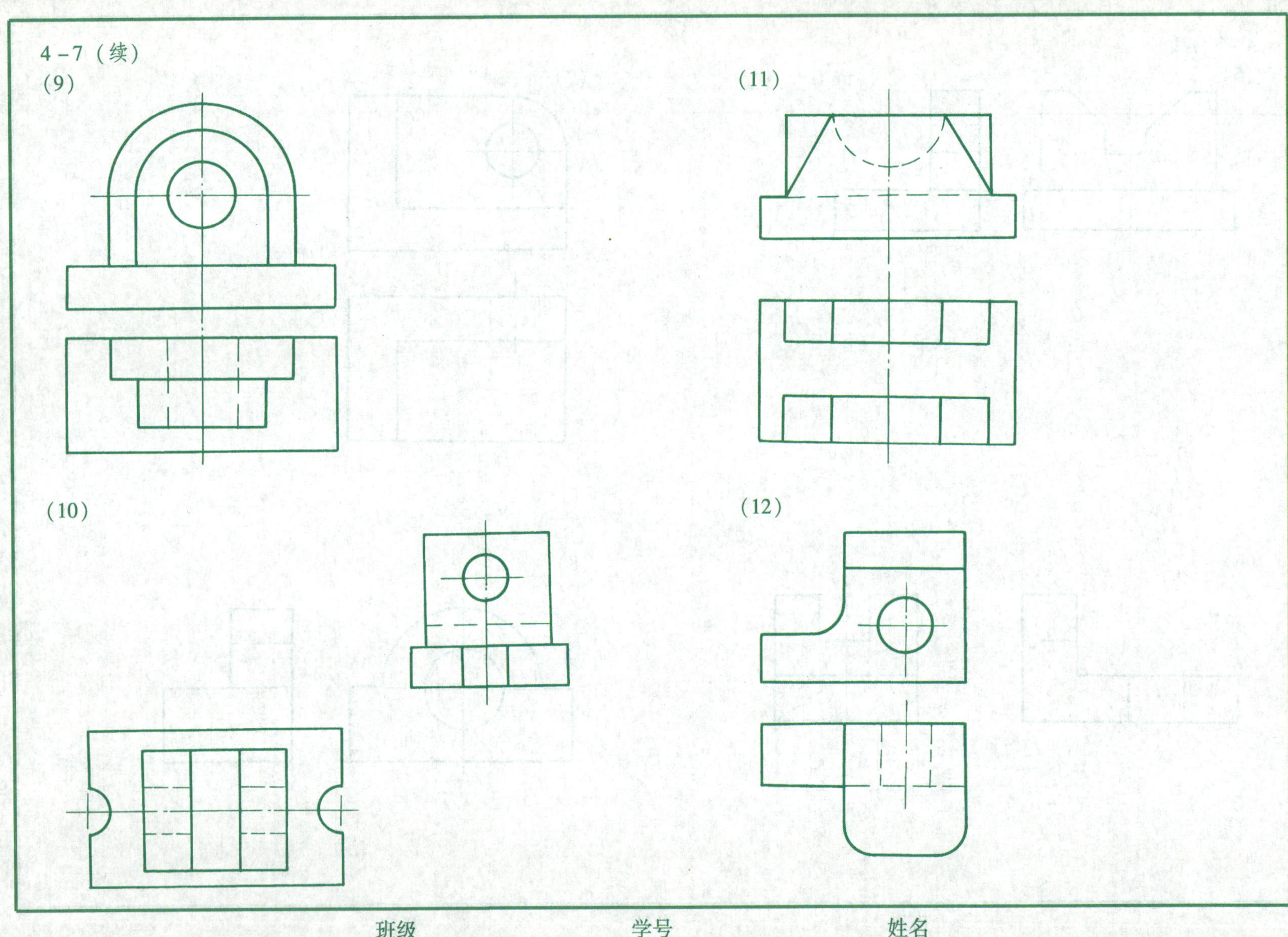

班级　　　　学号　　　　姓名

4-8　在下列图形上标注尺寸，数值从图中量取并取整数

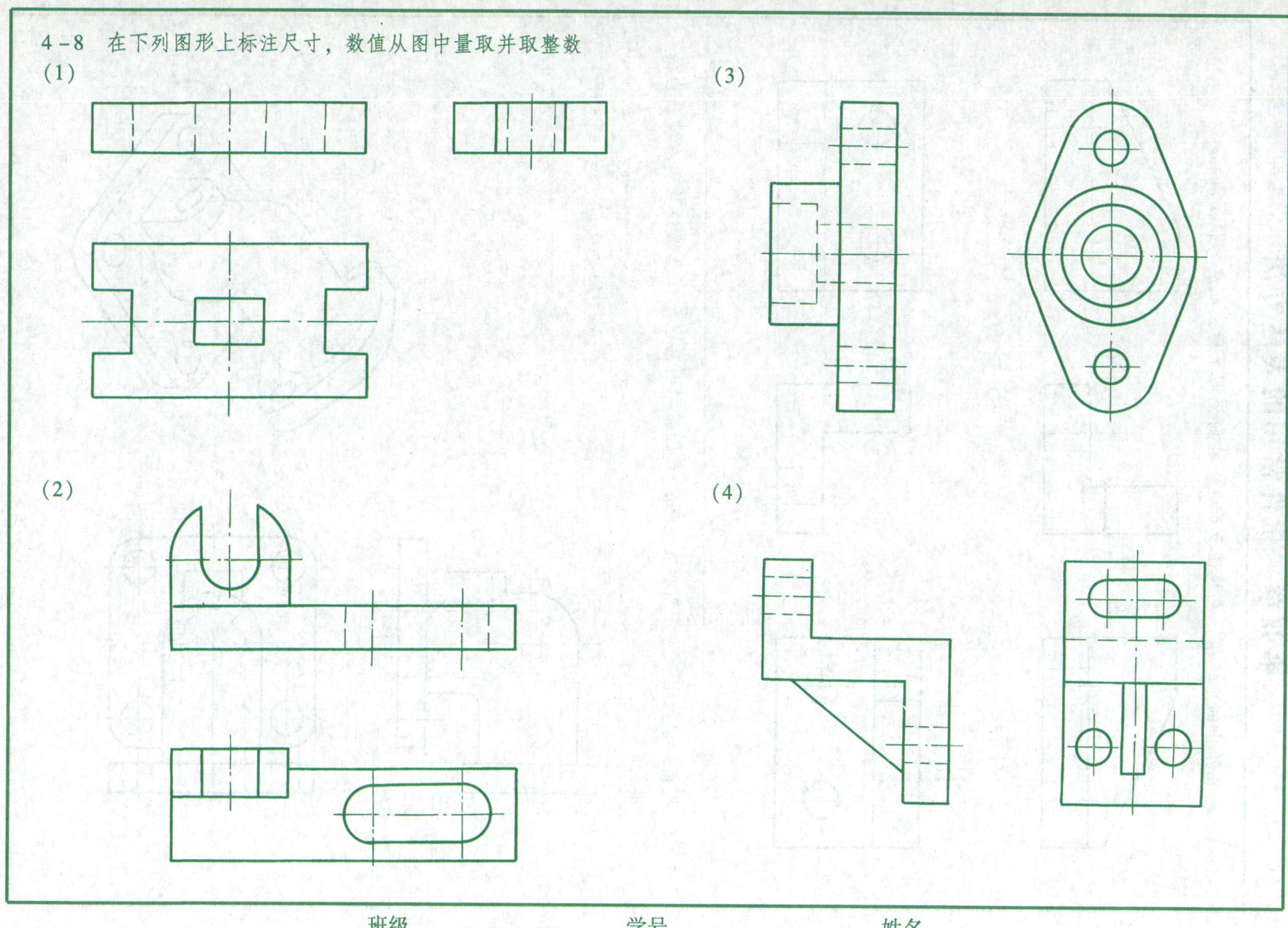

班级　　　　学号　　　　姓名

第五章　机件常用的表达方法

5－1　根据给出的主、俯、左视图及标注，在向视图上标注相应的视图名称

5－2　根据给出的主、俯视图和直观图，用局部视图画出物体左端法兰和右端凸台的形状

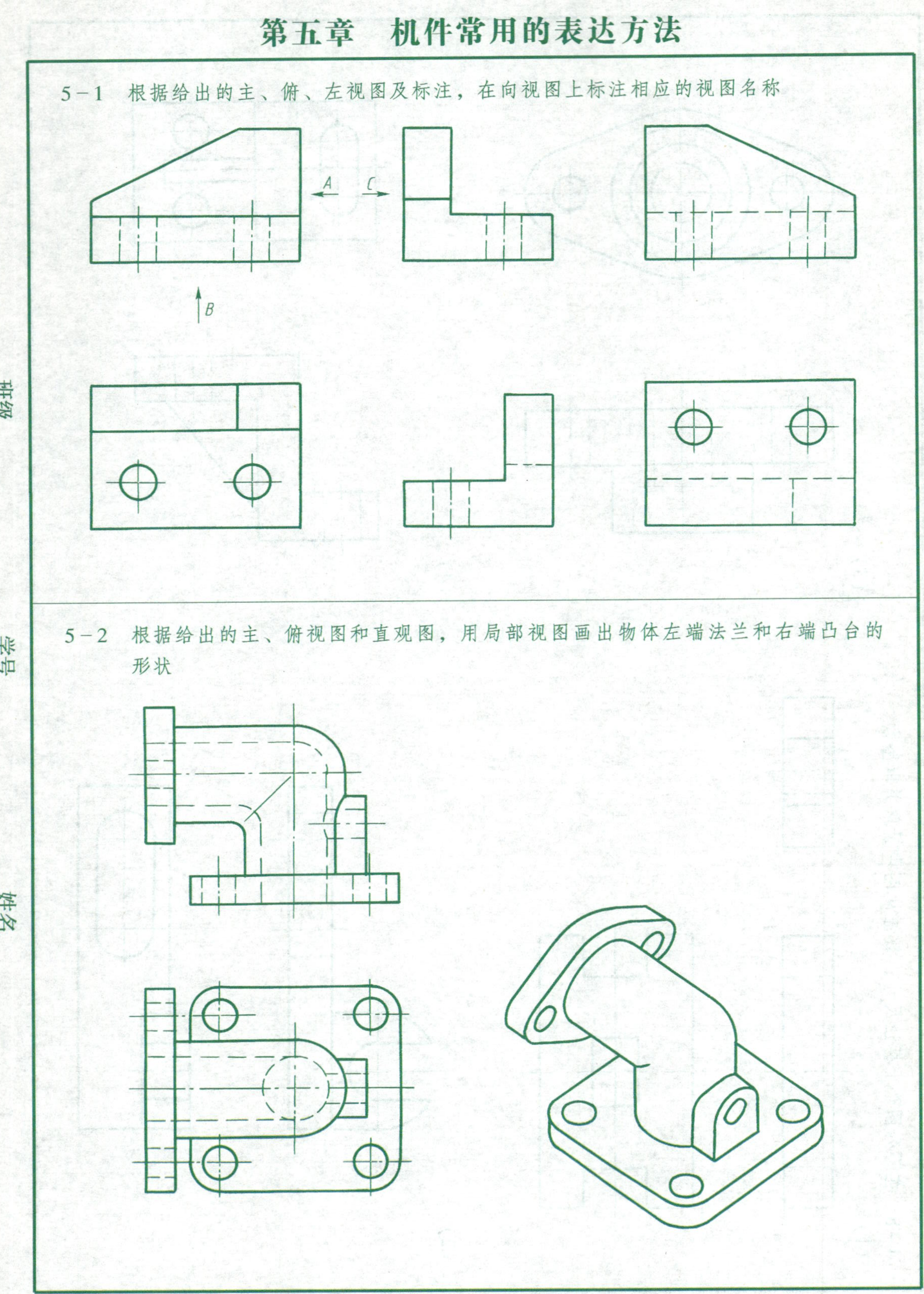

班级　学号　姓名

5－3　根据给出的主视图、A向局部视图和轴测图，画出必要的斜视图

5－4　根据给出的主、俯视图和直观图，画出A向局部视图和B向斜视图

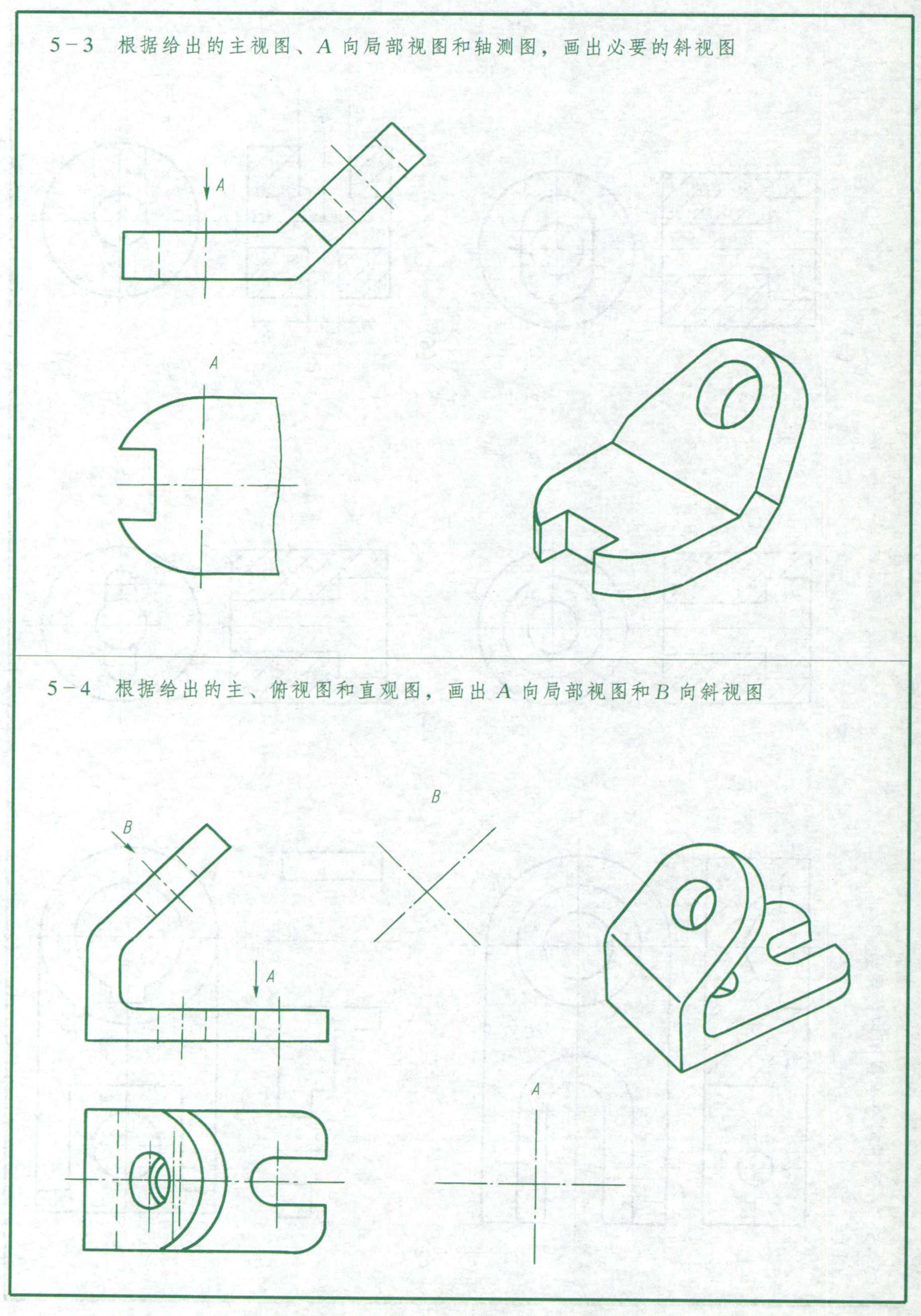

5－5 补画下列全剖视图中的漏线

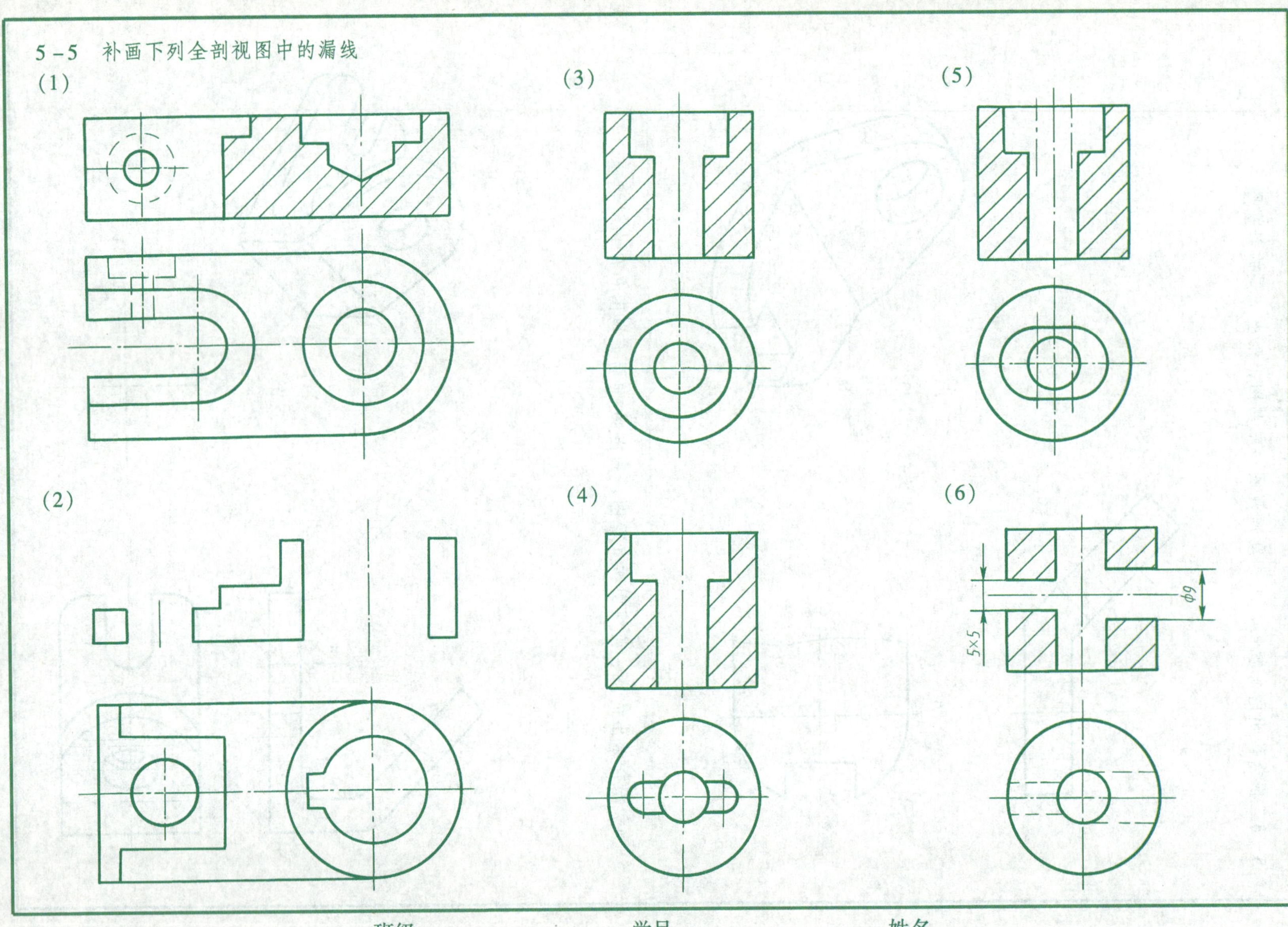

班级　　　　学号　　　　姓名

5-6　补全下列各剖视图中漏画的图线

班级　　　　学号　　　　姓名

5－7　选择下列各题中的正确答案

（1）下列四组剖视图中，画法和标注均正确的是（　　）

（2）下列四组剖视图中，画法正确的是（　　）

（3）下列四组局部剖视图中，画法正确的是（　　）

班级　　学号　　姓名

5-8 改正局部视图中的错误

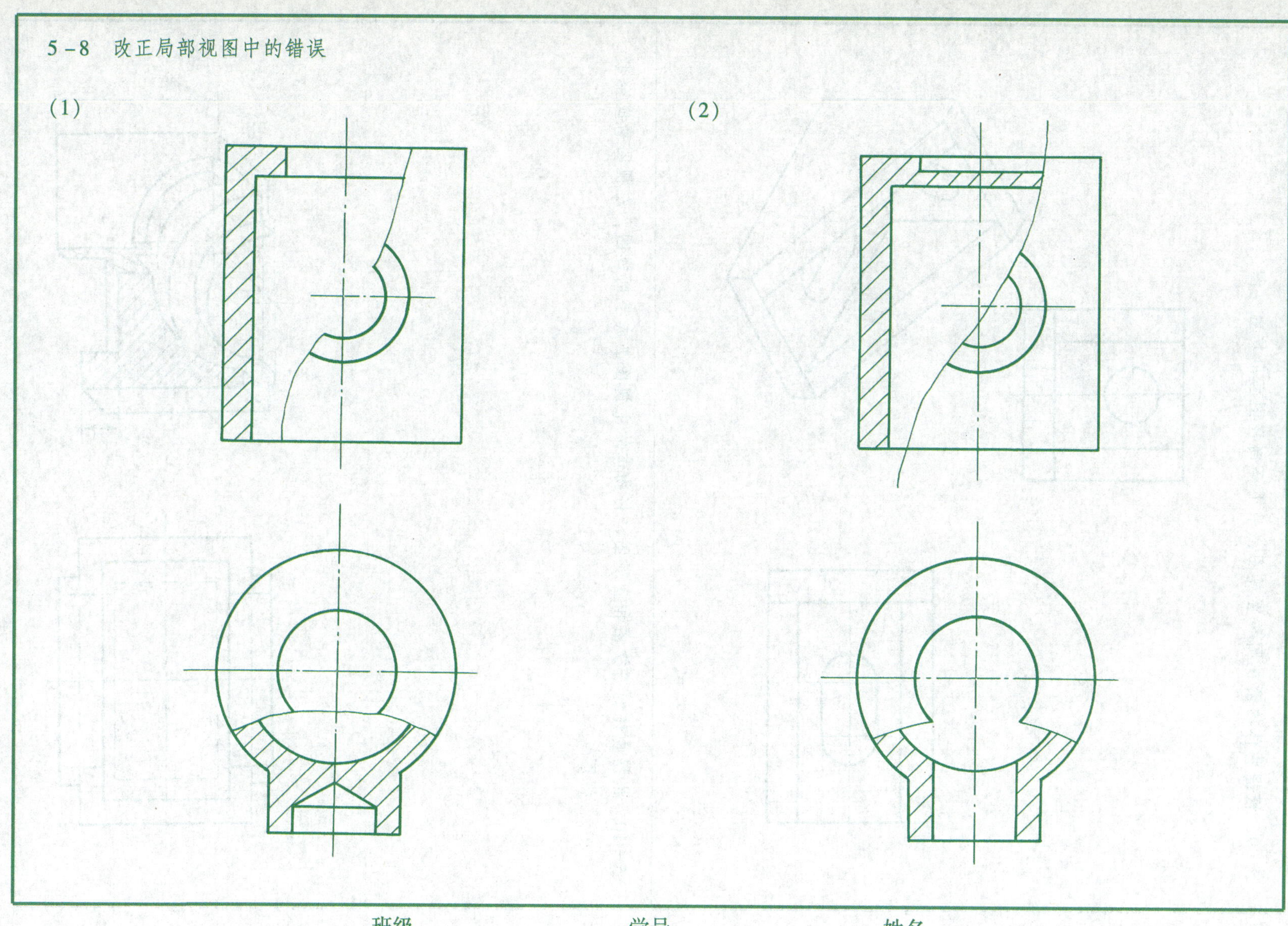

班级　　　　　　学号　　　　　　姓名

5－9 根据物体的两视图和直观图，采用全剖视图画出其主视图

5－10 根据物体的俯视图和直观图，将物体的主视图画成半剖视图，左视图画成全剖视图

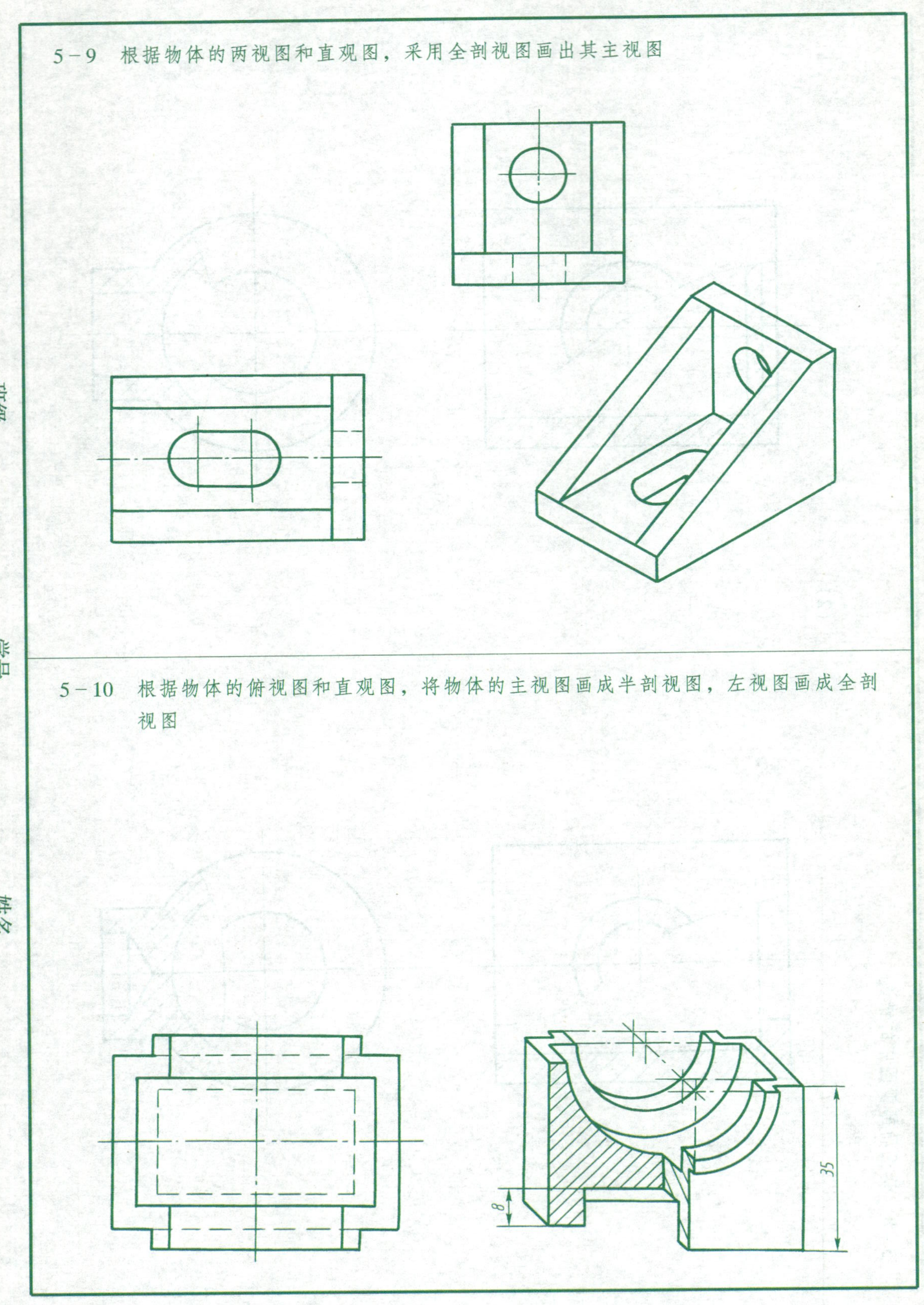

5－11　根据俯视图和 A 向视图，在上边指定位置将主视图画成半剖视图、左视图画成全剖视图

5－12　在右边指定位置将物体的主、俯视图画成局部剖视图

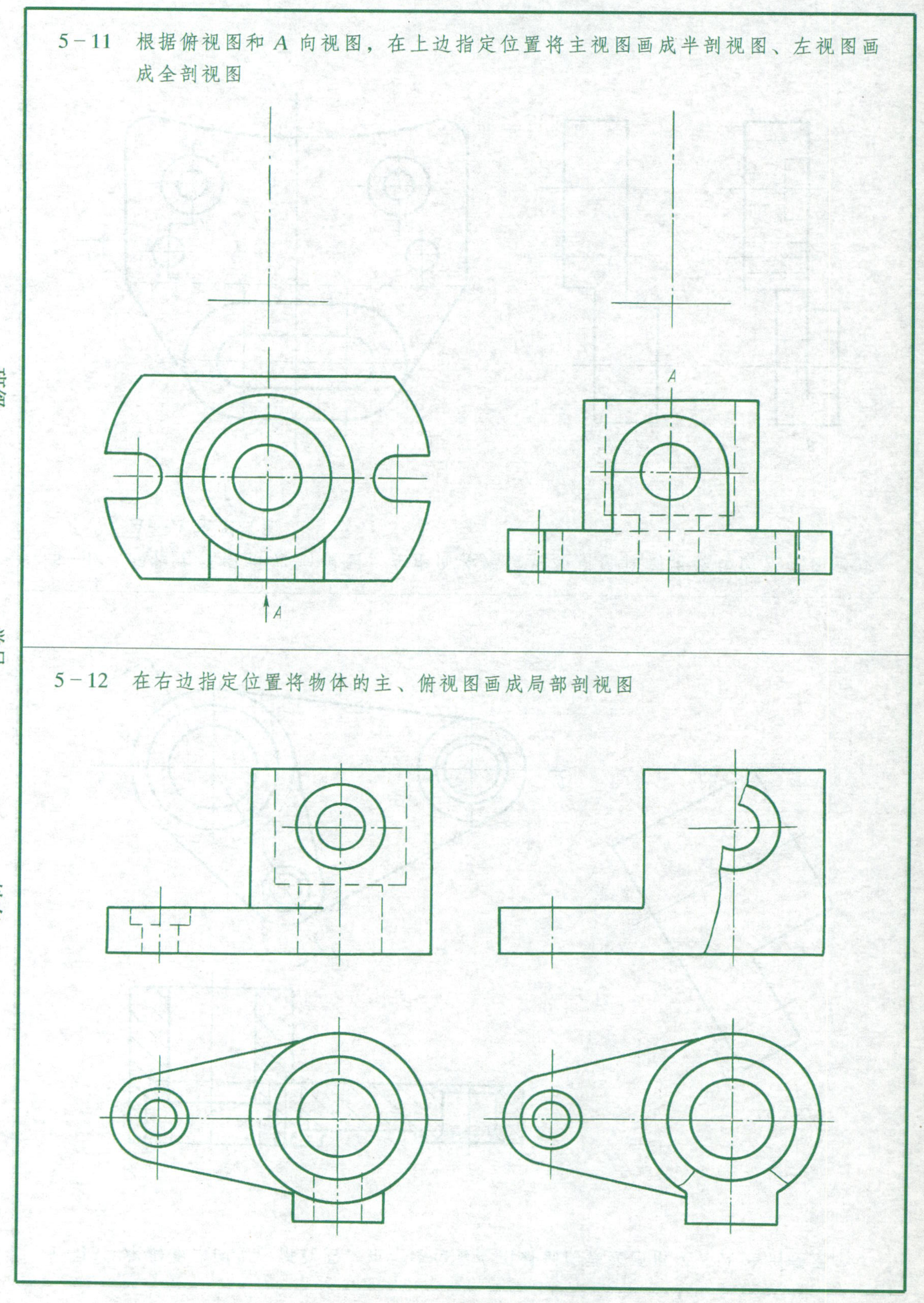

班级　　学号　　姓名

5－13　根据物体的主、俯视图，在指定位置处用斜剖的方法画出 A—A 全剖视图

5－14　根据主视图和 B 向视图，在中间指定位置处用阶梯剖将物体的左视图画成 A—A 全剖视图

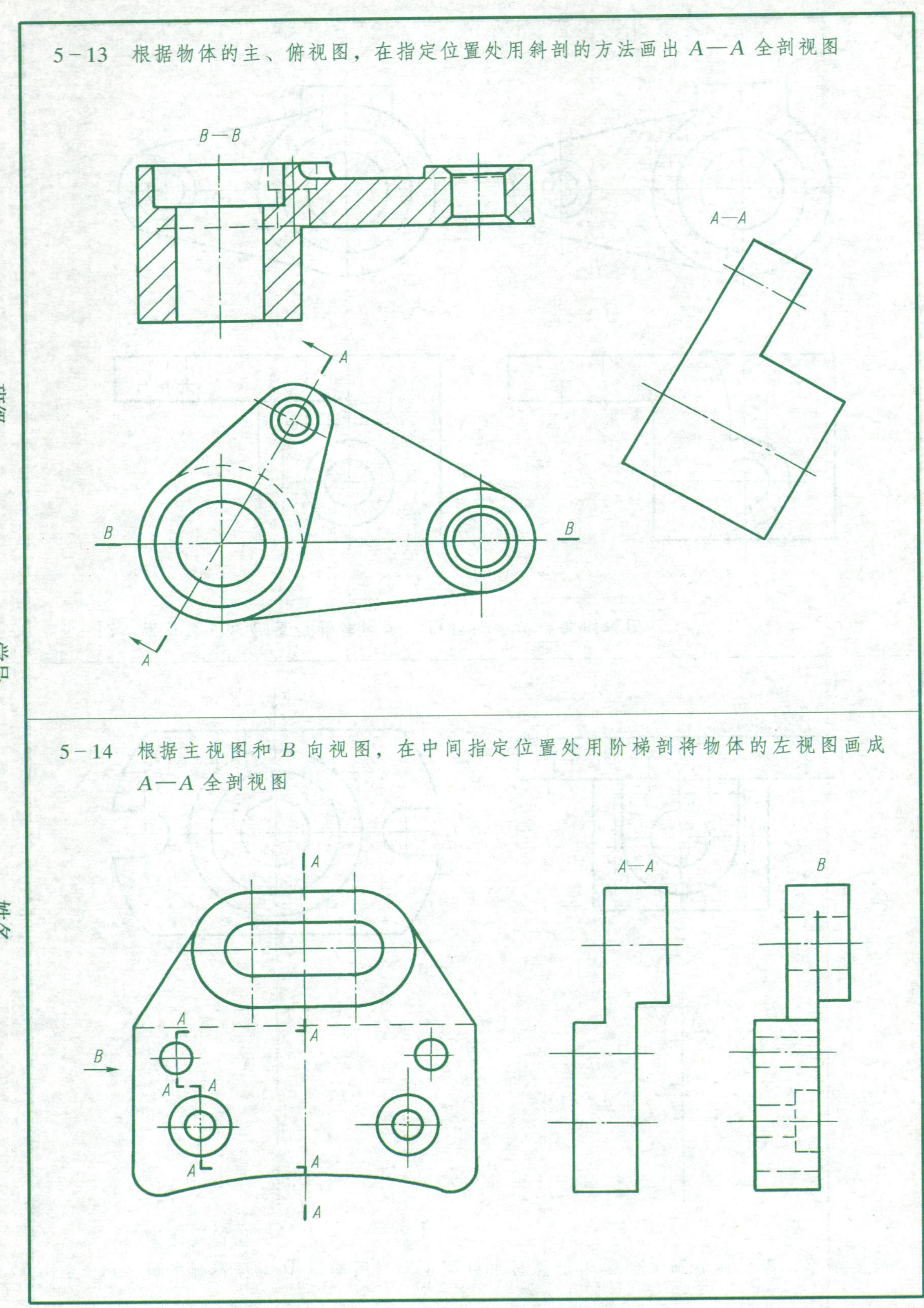

班级　　学号　　姓名

5-15 根据俯视图和 *B* 向视图，在中间指定位置处用旋转剖的方法将物体的主视图画成 *A*—*A* 全剖视图

5-16 根据俯视图和 *B* 向视图，在中间指定位置处用复合剖的方法将物体的主视图画成 *A*—*A* 全剖视图

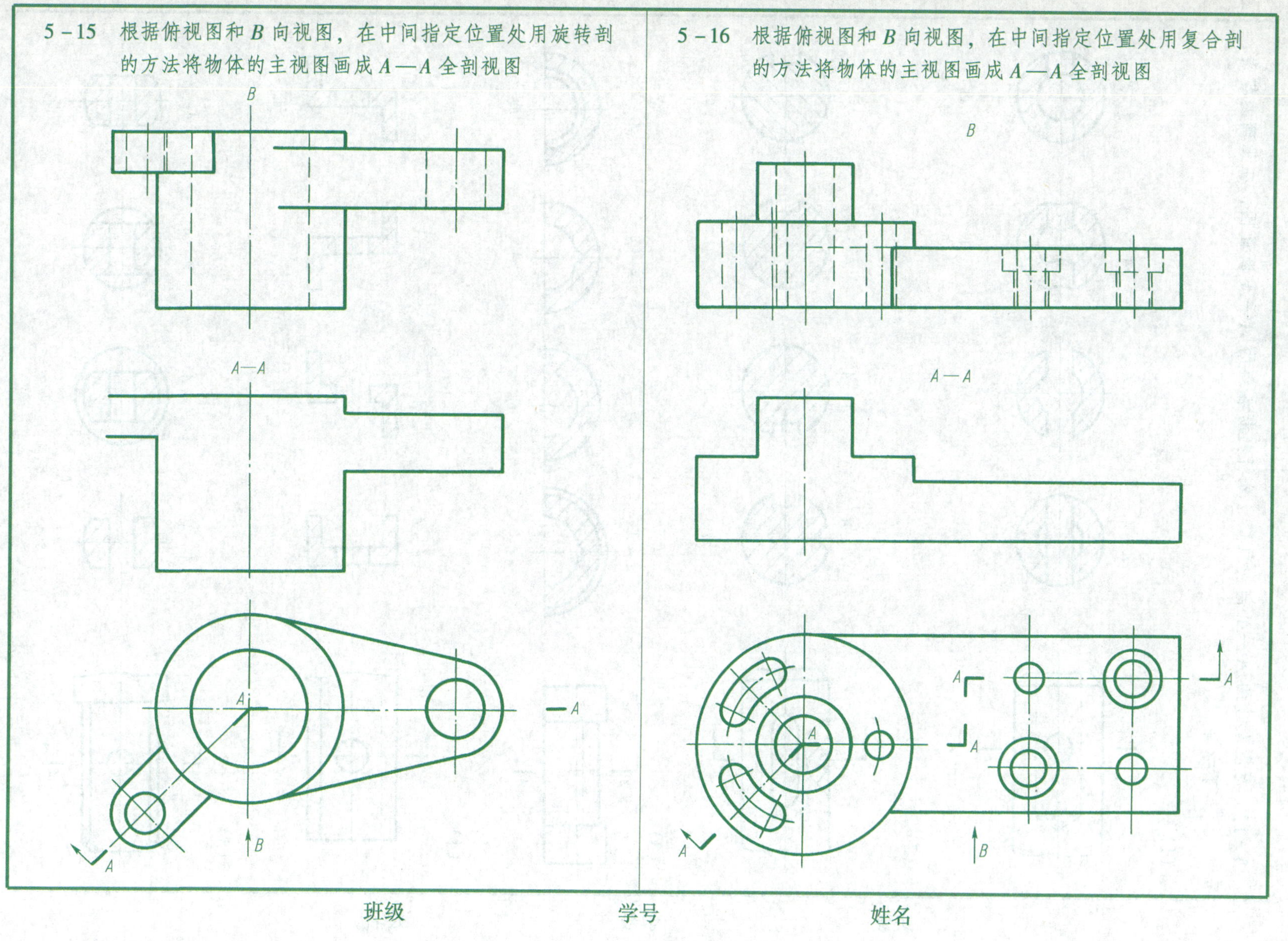

班级　　　　学号　　　　姓名

5-17 对应左边的 $A—A$ 剖切位置，分析判断各组的 $A—A$ 断面图，在正确的答案下方画“√”

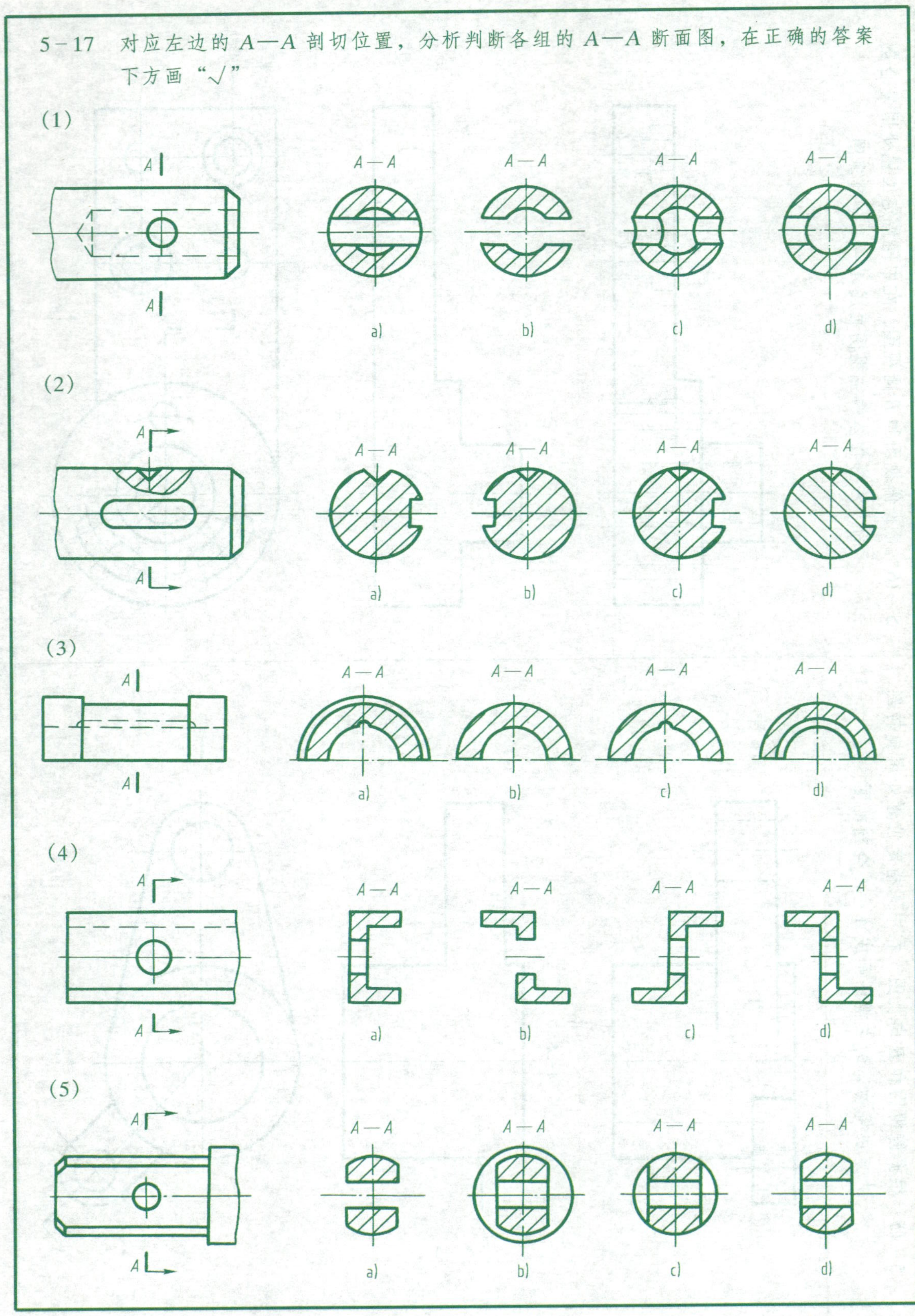

班级　　　　学号　　　　姓名

5-18 根据要求完成轴的断面图

（1）选出正确的断面图

（2）在指定位置画出断面图，并进行标注

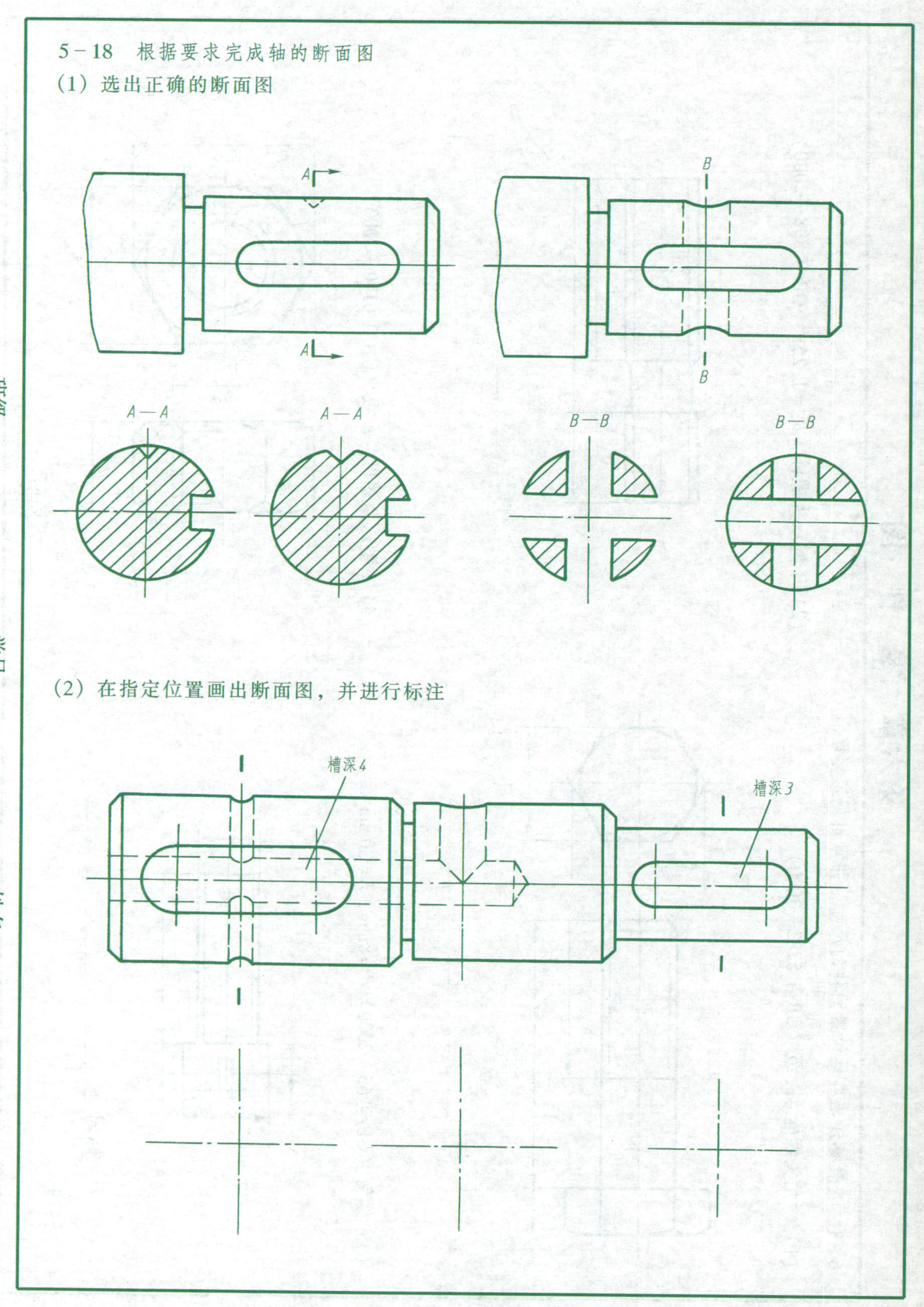

班级　　学号　　姓名

6-1 查表标注出各螺纹紧固件的尺寸，并写出规定标记

(1) 六角头螺栓-A级（GB/T 5782—2000）

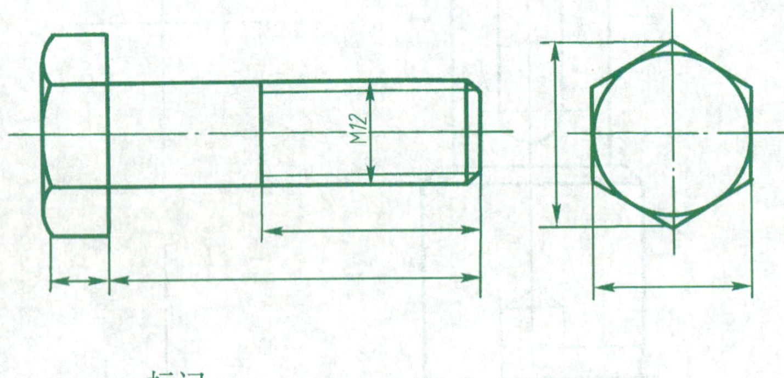

标记________________

(2) B型双头螺柱，$b_m=1.25d$（GB/T 898—2000）

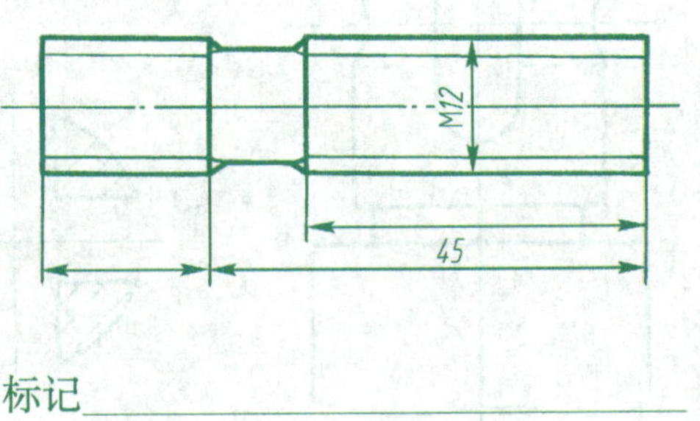

标记________________

(3) 螺钉（GB/T 65—2000）$d=8$mm，$L=30$mm

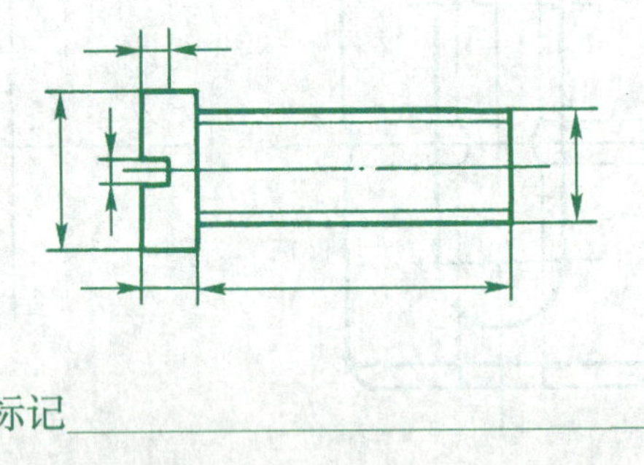

标记________________

(4) 1型六角螺母-A级（GB/T 6170—2000）

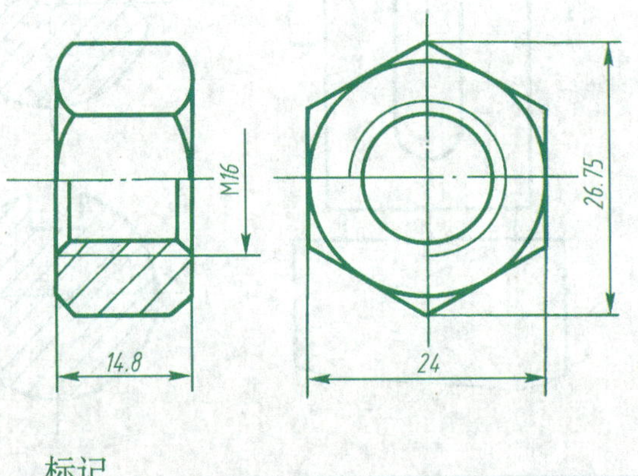

标记________________

班级　　　　学号　　　　姓名

6－2　画全大径为 20mm 的内、外普通螺纹的视图和旋合图，并标注螺纹、倒角和螺孔的尺寸

（1）在圆杆左端制出一段长 30mm 的粗牙右旋普通螺纹

（2）在板子左端制出一个粗牙右旋普通螺纹的不通螺孔，其螺孔深度为 24mm，钻孔深度为 36mm

（3）画全上述螺杆和螺孔的旋合图，旋合长度为 20mm，主、左视图采用全剖视图（剖切平面位置在旋合处）

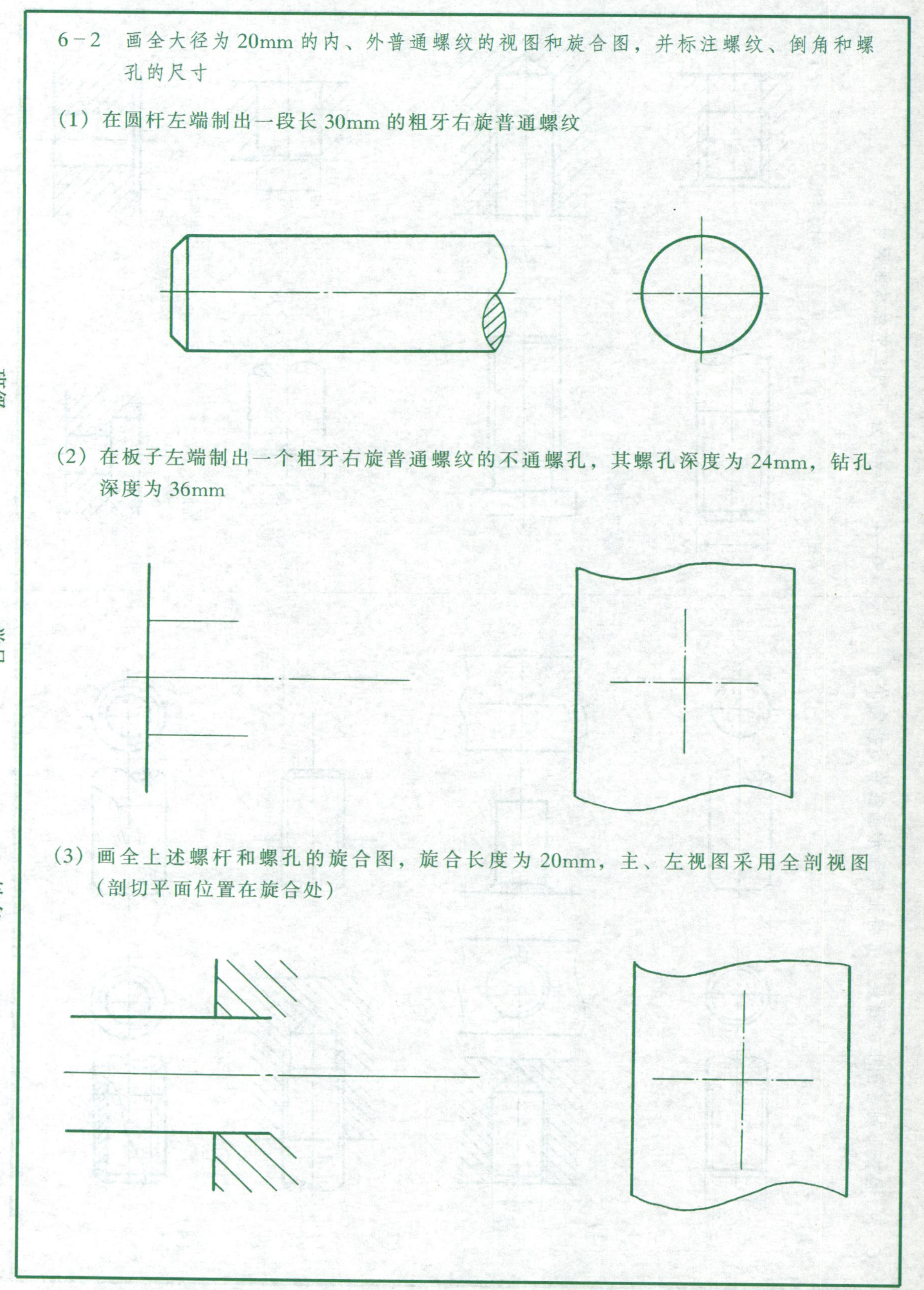

班级　　　　学号　　　　姓名

6-3 检查下列各图中的错误，并将正确图形画在右边指定位置

6-4 查表标注下列工艺结构的尺寸

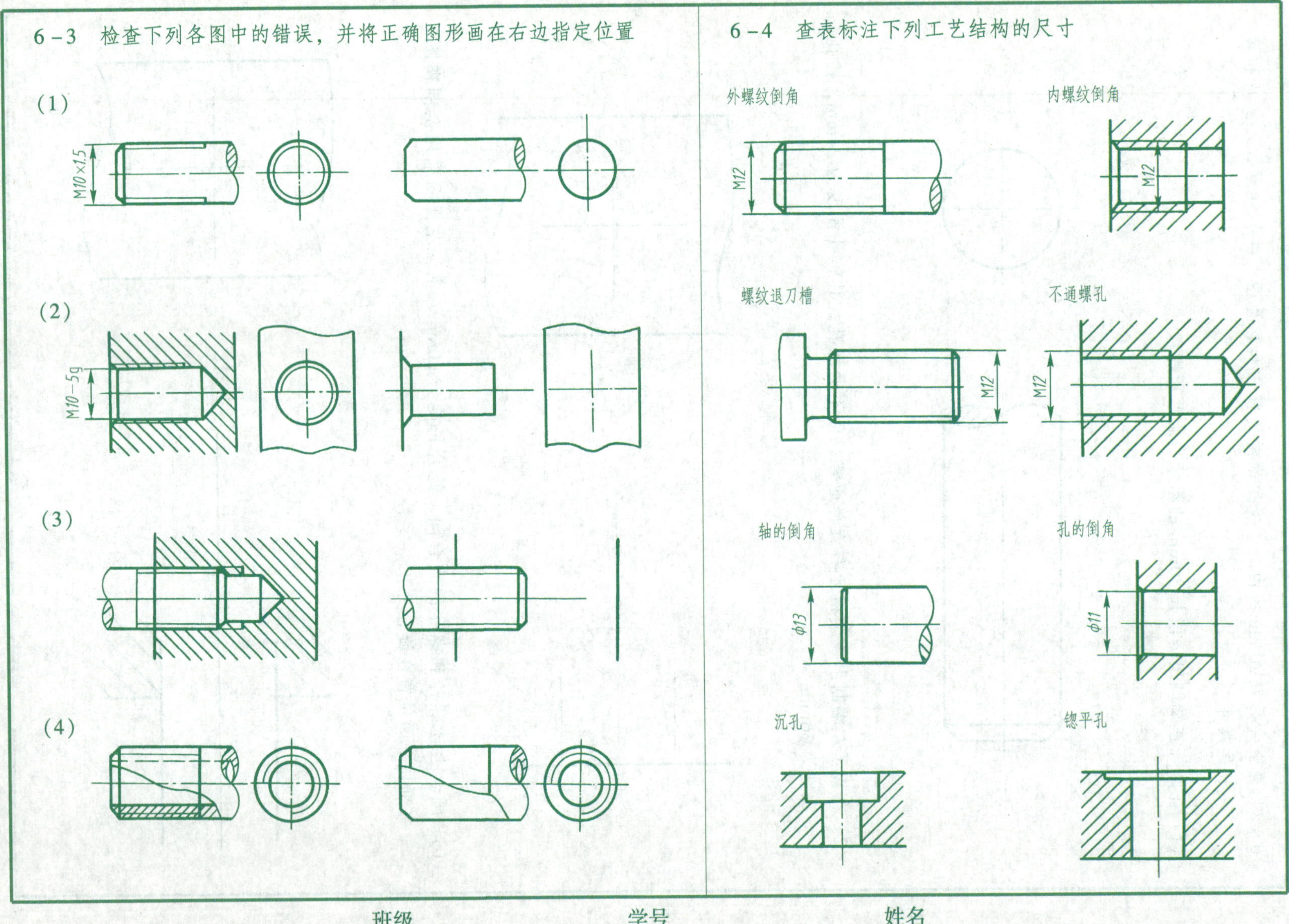

班级　　学号　　姓名

6－5 检查下列图中的错误，并将正确图形画在下面指定位置处

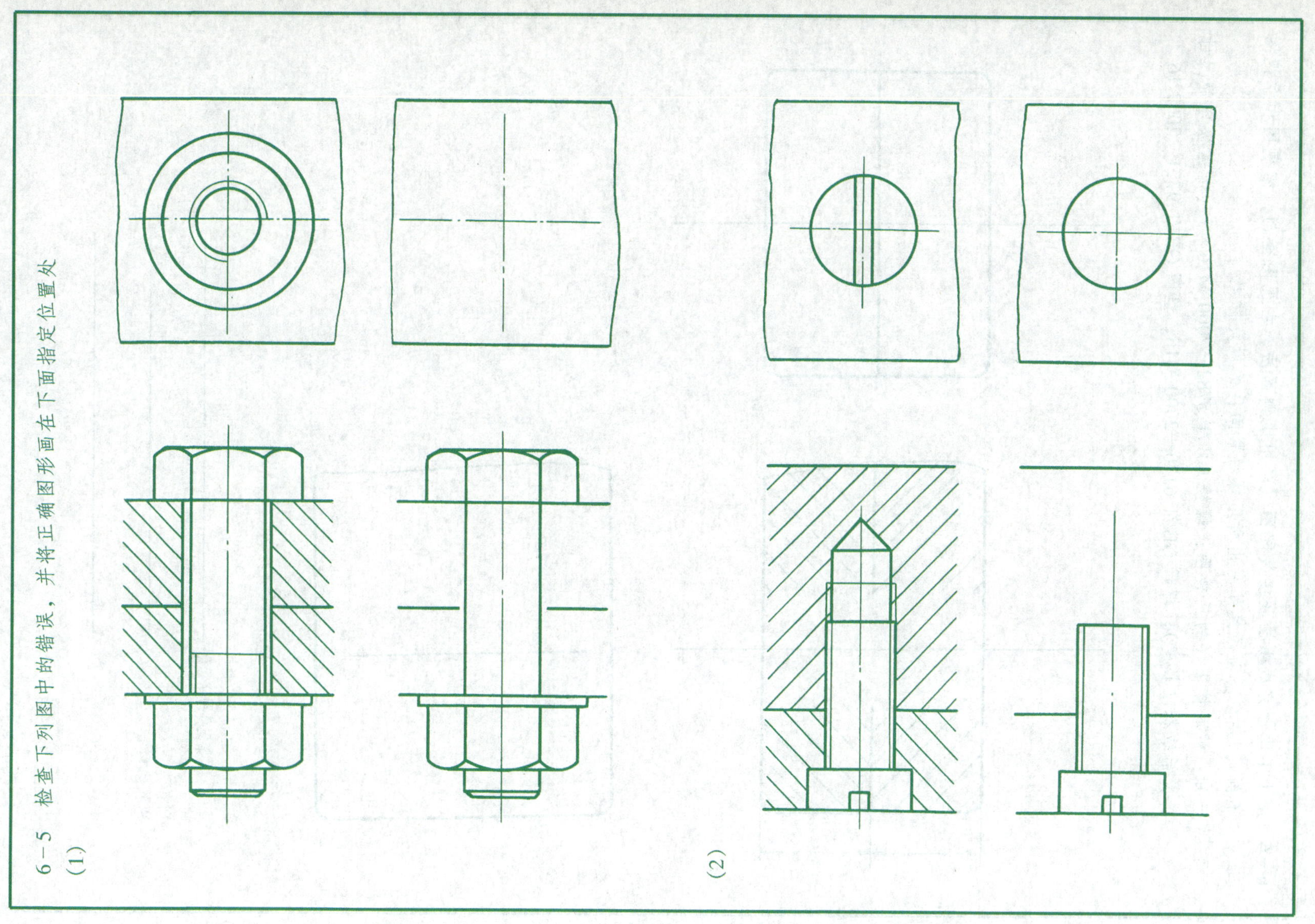

班级　　　　学号　　　　姓名

6-6 用 1:1 比例完成螺栓联接装配图（采用比例画法，主视图全剖，俯视图和左视图不剖），并在下面画线处写出所用螺纹紧固件的规定标记

已知：被联接零件的三视图：螺栓 GB/T 5782—2000 M16×1（根据板厚等尺寸计算后取标准长度）；螺母 GB/T 6170—2000 M16；垫圈 GB/T 97.1—2002 16。

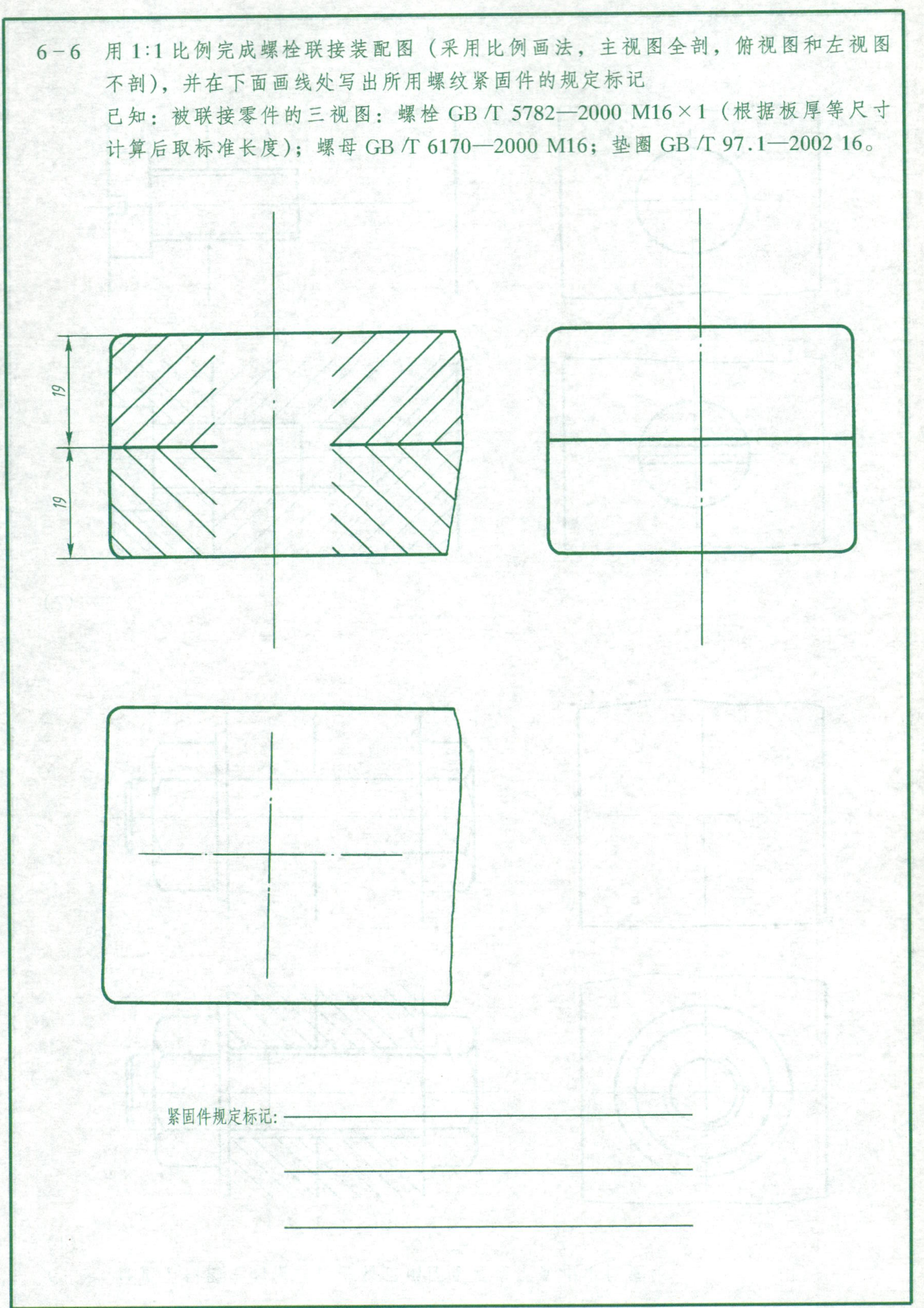

紧固件规定标记：________________

____

____

班级　　学号　　姓名

6－7　按要求完成滚动轴承的代号解释及绘制滚动轴承

（1）解释下列滚动员承代号的含义

轴承 6308

轴承类型 ____________

尺寸系列 ____________

内　　径 ____________

轴承 51113

轴承类型 ____________

尺寸系列 ____________

内　　径 ____________

轴承 32310

轴承类型 ____________

尺寸系列 ____________

内　　径 ____________

（2）在轴上用特征画法和规定画法分别画出滚动轴承。轴承（6306 GB/T—1994）

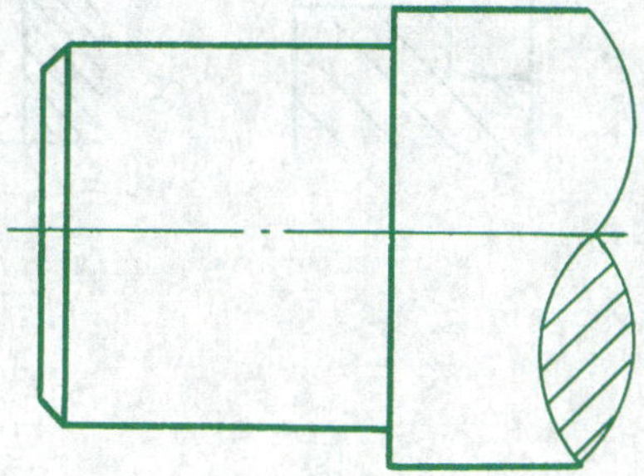

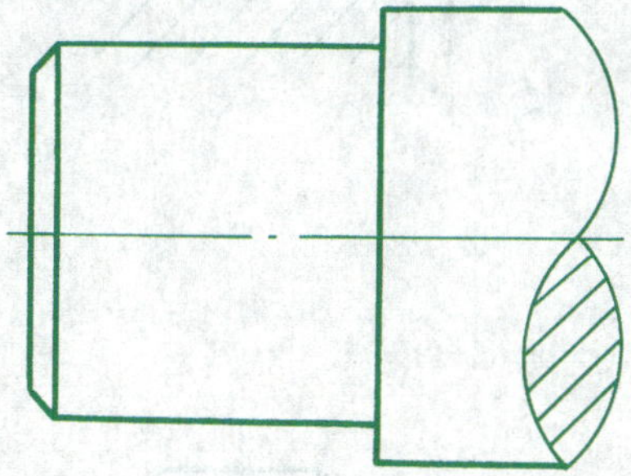

班级　　　　学号　　　　姓名

6-8 指出下列结构尺寸标注的正误（正确的画√，错误的画×）

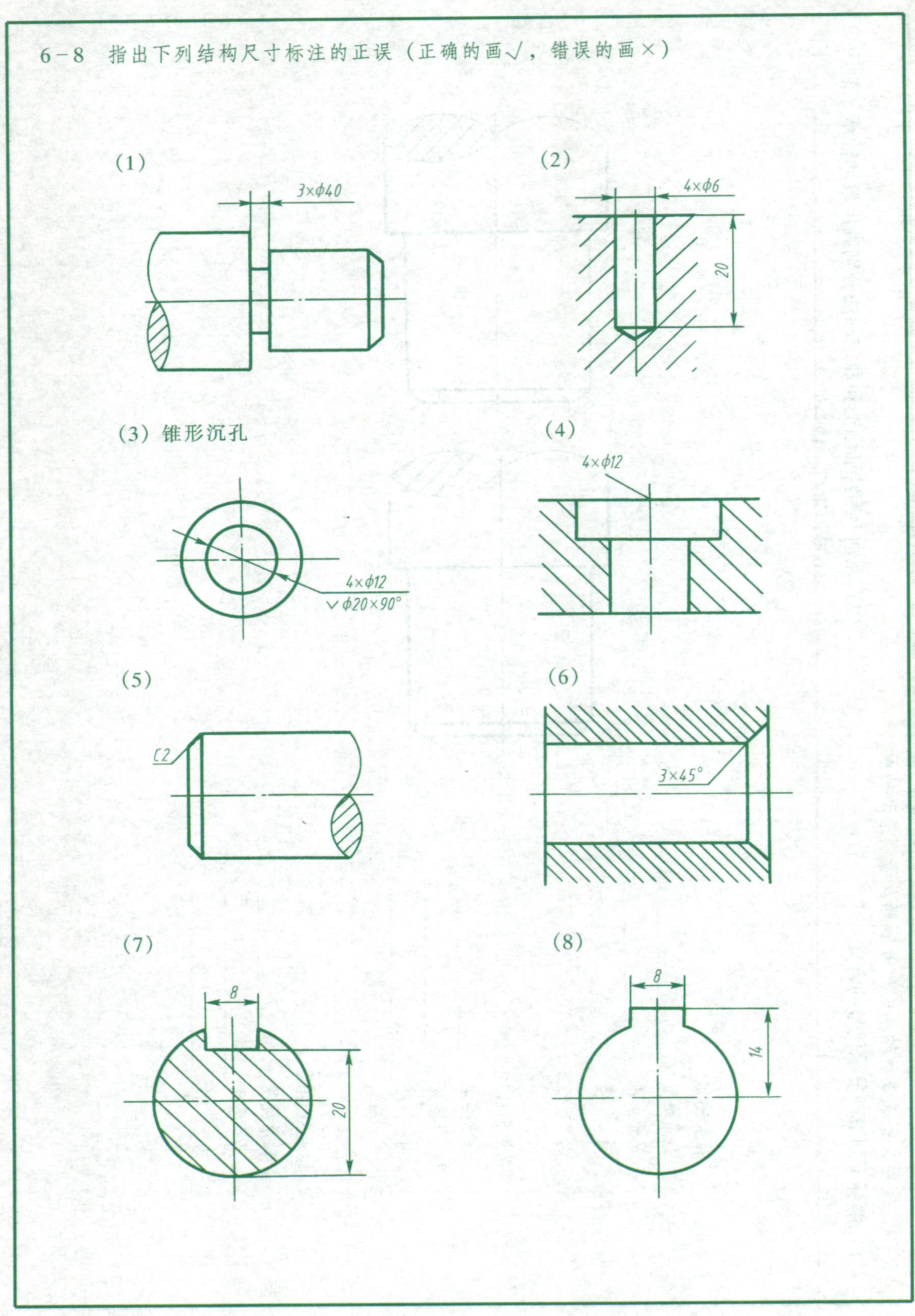

班级　　　　　　　　学号　　　　　　　　姓名

6－9 根据配合代号，查表后在零件图上分别标注出轴和孔的直径公差带代号和偏差值

6－10 根据轴和孔的偏差值，查表确定其公差代号和等级，并在装配图上注出其配合代号

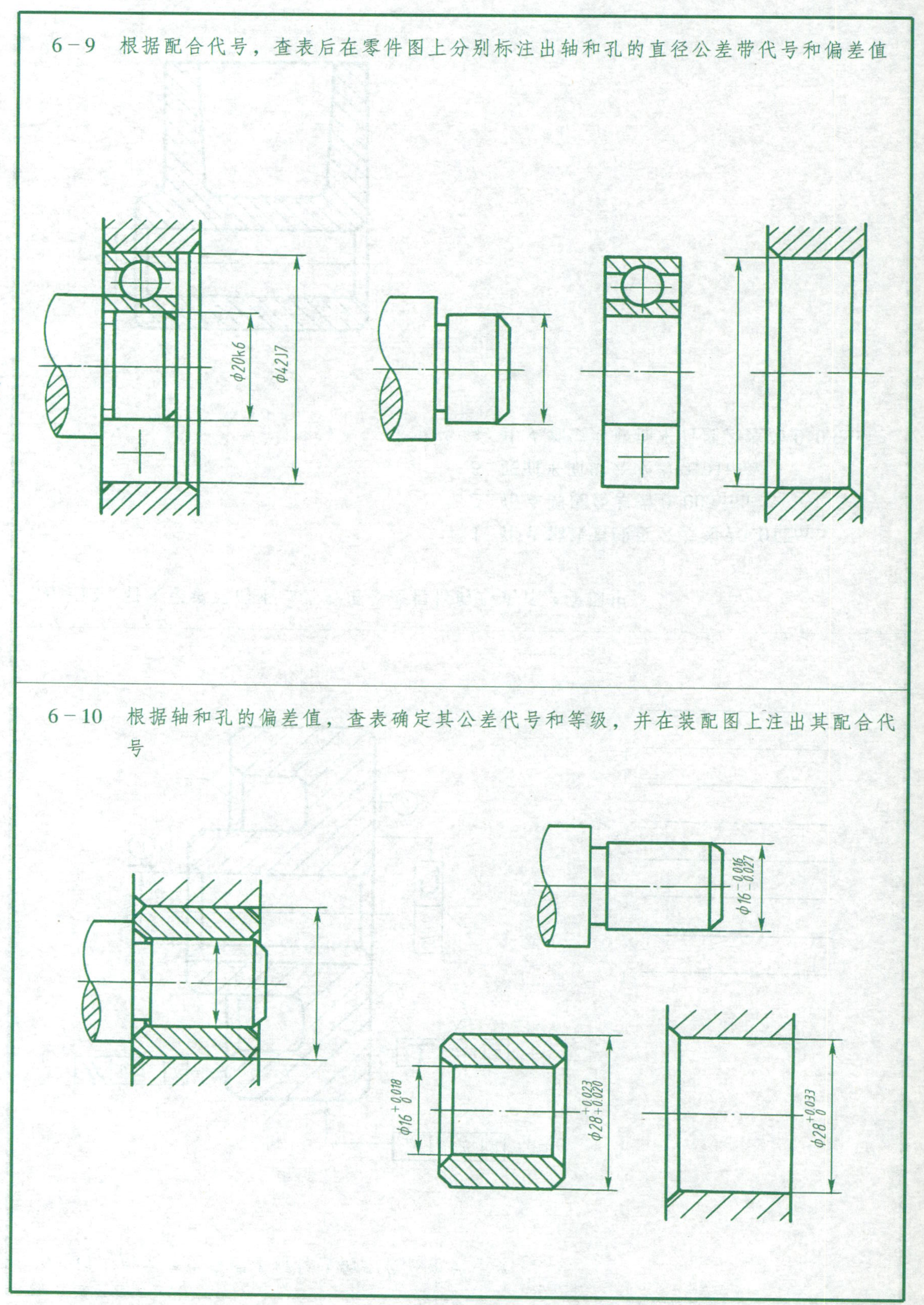

班级

学号

姓名

6－11　用文字说明图中所标注的形位公差的含义

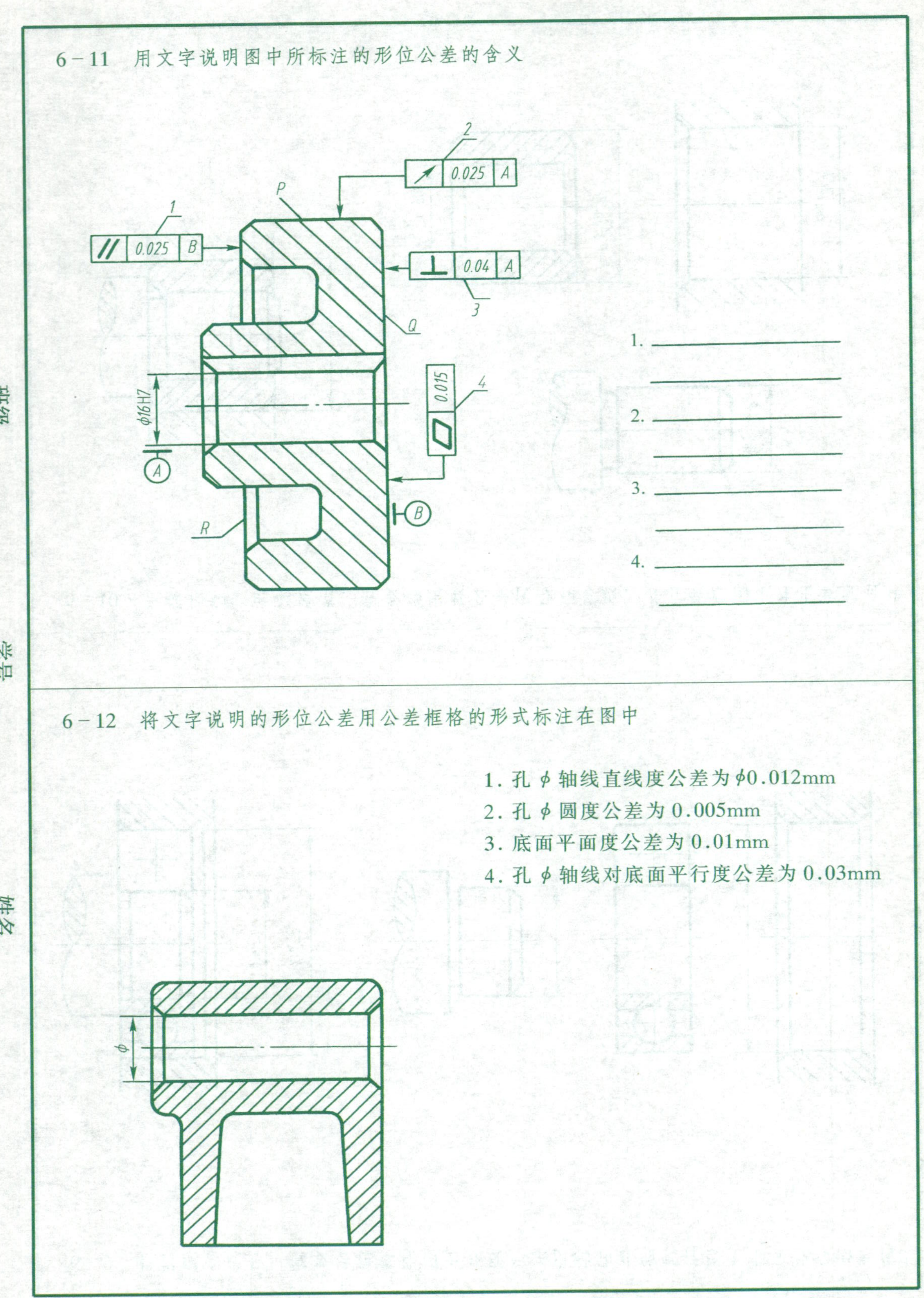

6－12　将文字说明的形位公差用公差框格的形式标注在图中

1. 孔 ϕ 轴线直线度公差为 ϕ0.012mm
2. 孔 ϕ 圆度公差为 0.005mm
3. 底面平面度公差为 0.01mm
4. 孔 ϕ 轴线对底面平行度公差为 0.03mm

班级　　　　学号　　　　姓名

6－13　标注下图所示的表面粗糙度

注：内圆柱面 R_a 值为 1.6μm，倒角、锥面 R_a 值为 6.3μm，其余表面 R_a 值为 3.2μm

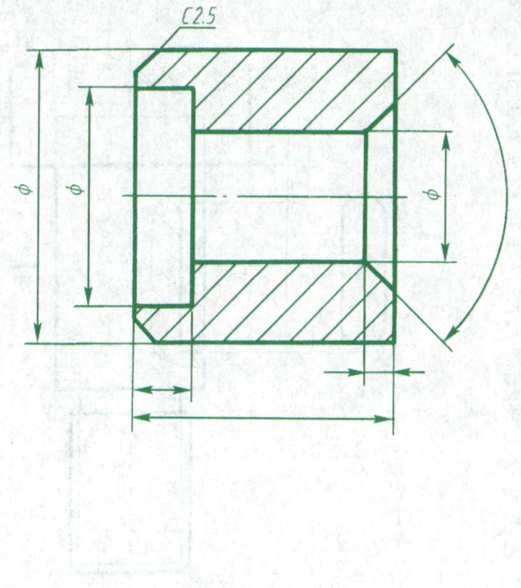

6－14　将指定表面的表面粗糙度用代号标注在图上

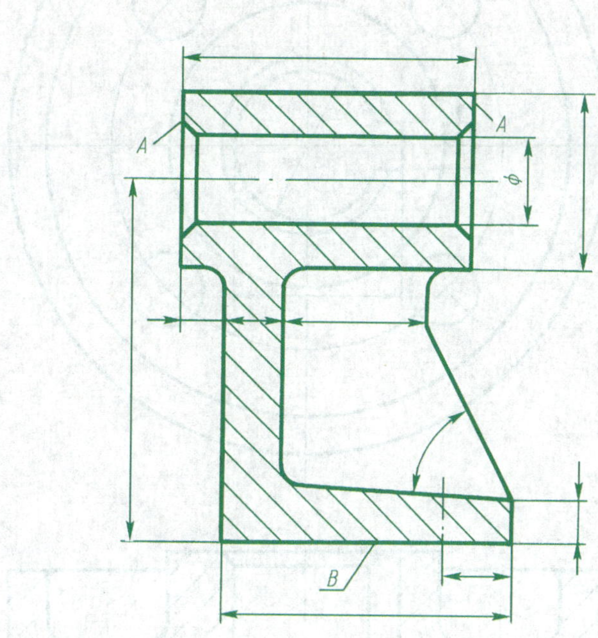

1. A 面 R_a 上限值为 6.3μm；
2. 孔 ϕ 表面 R_a 上限值为 3.2μm；
3. B 面 R_a 上限值为 12.5μm；
4. 其余表面不进行切削加工，R_a 上限值为 50μm

班级　　学号　　姓名

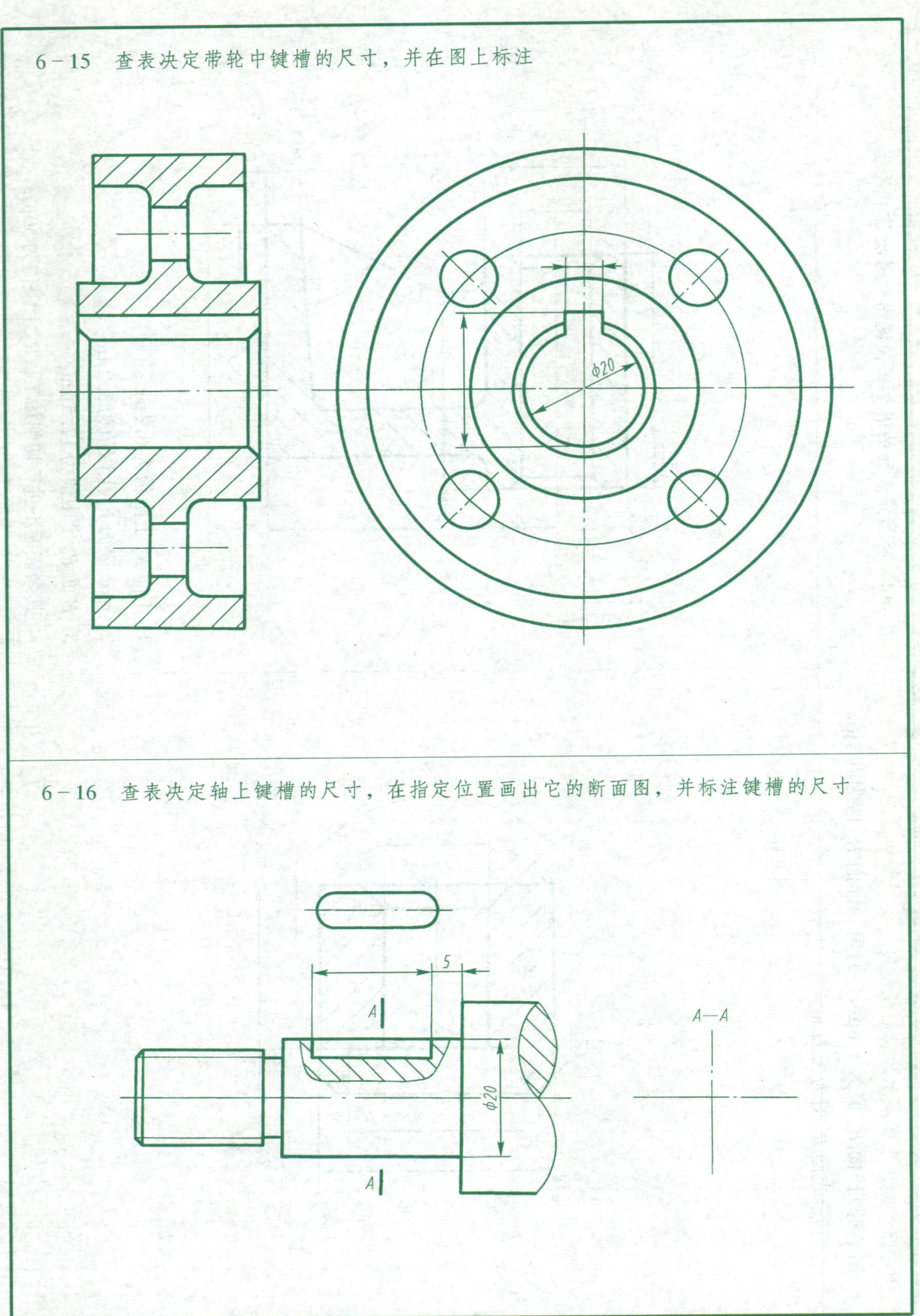

6－15 查表决定带轮中键槽的尺寸，并在图上标注

6－16 查表决定轴上键槽的尺寸，在指定位置画出它的断面图，并标注键槽的尺寸

班级 学号 姓名

6－17　将题 6－15 和题 6－16 中带轮与轴用键联结，画出它们的装配图，并在下面画线处写出键的标记

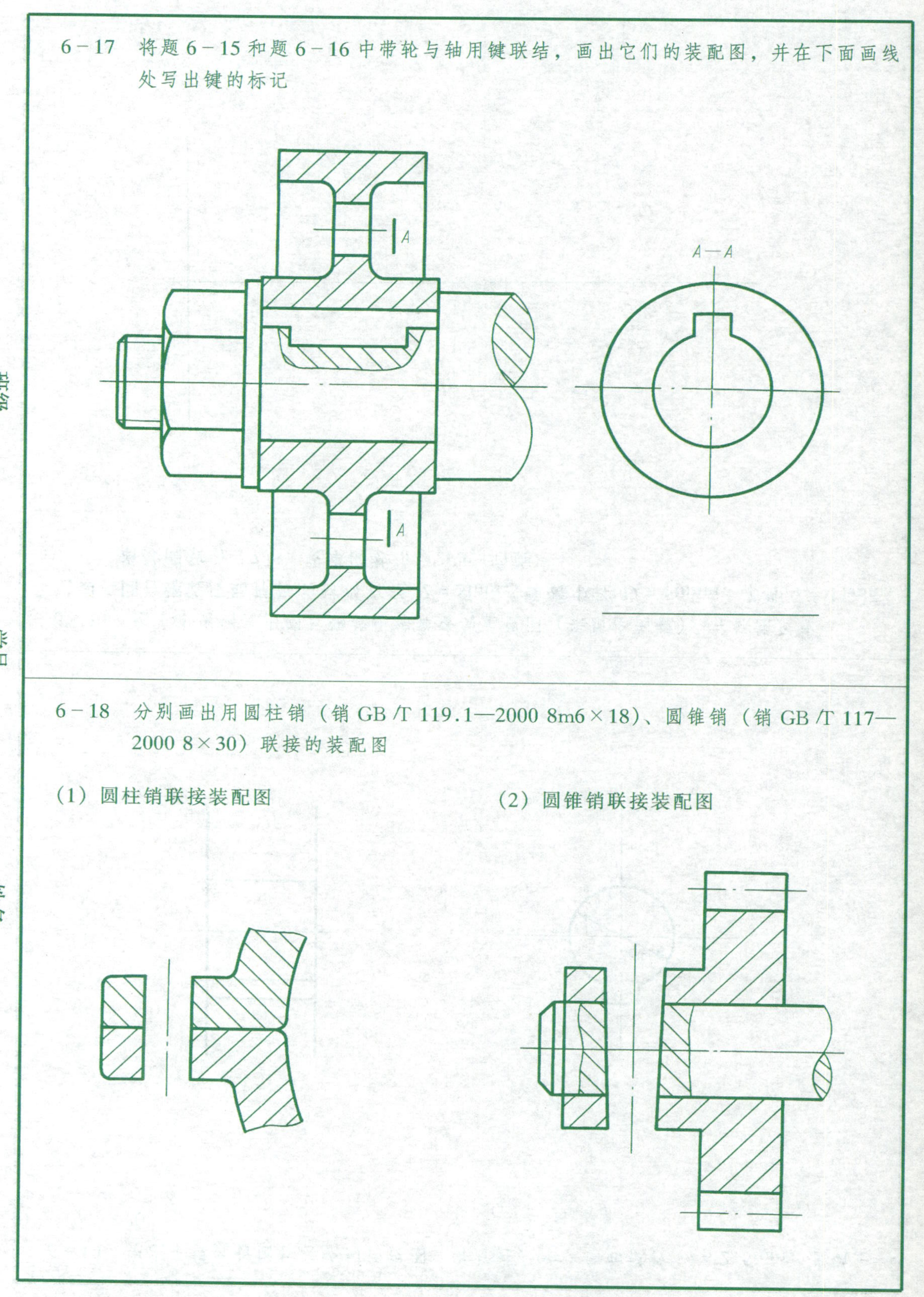

6－18　分别画出用圆柱销（销 GB/T 119.1—2000 8m6×18）、圆锥销（销 GB/T 117—2000 8×30）联接的装配图

（1）圆柱销联接装配图

（2）圆锥销联接装配图

6－19　完成平板直齿圆柱齿轮的两视图，并标注尺寸。已知模数 $m=2.5$mm，齿数 $z=20$

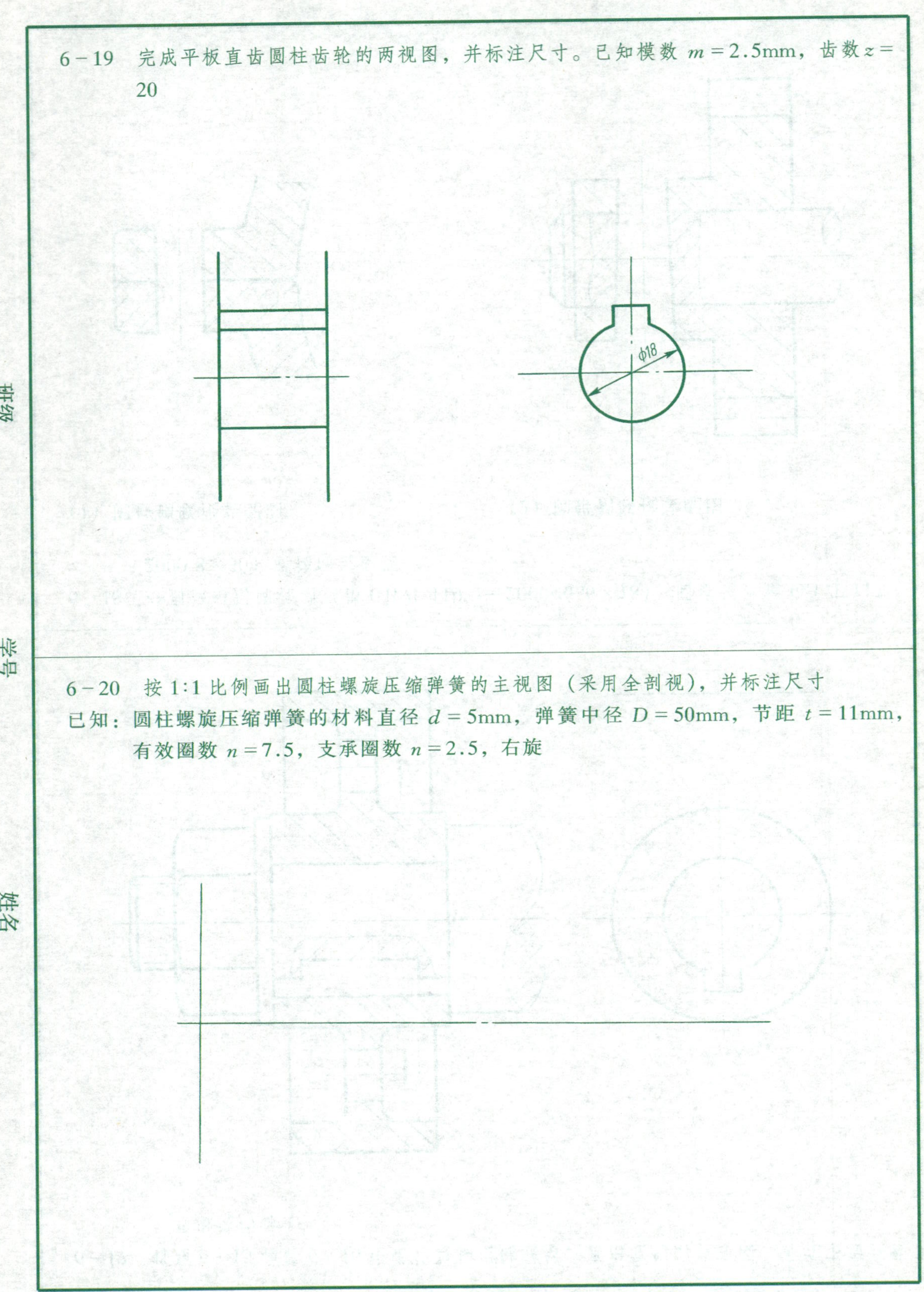

6－20　按 1:1 比例画出圆柱螺旋压缩弹簧的主视图（采用全剖视），并标注尺寸

已知：圆柱螺旋压缩弹簧的材料直径 $d=5$mm，弹簧中径 $D=50$mm，节距 $t=11$mm，有效圈数 $n=7.5$，支承圈数 $n=2.5$，右旋

班级　　　　学号　　　　姓名

6－21　按1∶1比例画出平板直齿圆柱齿轮的啮合图（主视图画成全剖视图），并标注中心距尺寸

齿轮参数：模数 $m=2.5\text{mm}$，齿数 $z_1=16$，$z_2=24$

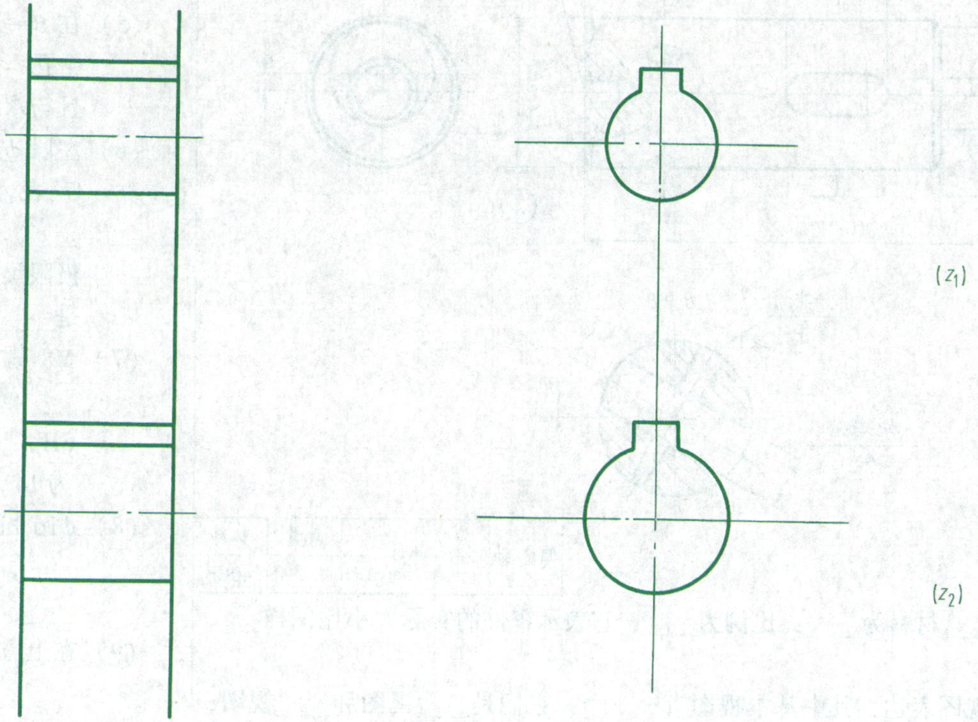

(z_1)

(z_2)

班级　　　　学号　　　　姓名

6-22 看懂“偏心轴”零件图，并回答下列问题

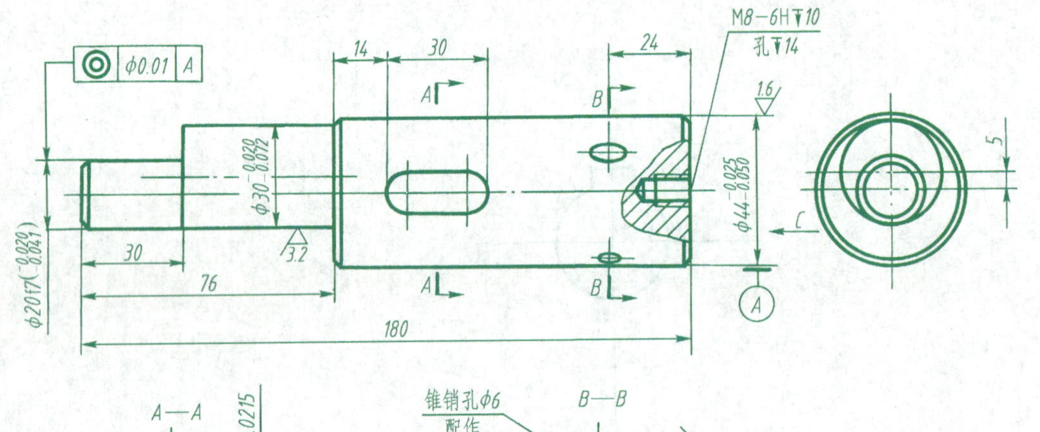

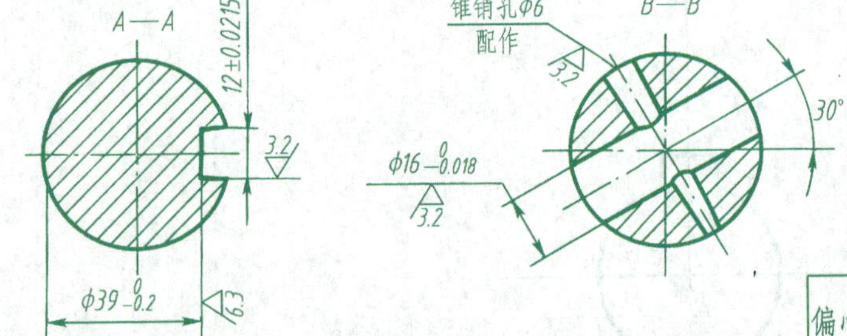

偏心轴	件号	比例	数量	材料
		1:1		40Cr

(1) 该零件的名称是____材料为____，比例为____，它表示零件的实际大小比图样____一倍。

(2) 该零件由____个视图表达，其中基本视图有____个，它们是____视图和____视图，另两个视图是____和____两个____图。

(3) 该零件由左、中、右三段组成；左段基本形状是____，其大小（即定形尺寸）是____、____；中段基本形状是____，其大小为____、____；右段基本形状是____，其大小为____、____；中段的轴线和左、右两段的偏心距离为____。

(4) 右段 *A—A* 位置，在____方开了一个键槽，键槽长度是____，槽宽是____，槽深是____，它的定位尺寸是____。

(5) 在 *B—B* 位置开了相互垂直的两个孔，大孔方向是由____方到方，且与水平面成____角。

(6) 左段 ϕ20f7，其基本尺寸是____，f7 表示____代号，-0.020 是____，-0.041 是____，其最大极限尺寸是____，最小极限尺寸是____，公差是____。

(7) M8 螺孔标注的含义：____牙____螺纹、____径和____径的为 6H，____深度为 10，____深度为 14。

(8) ϕ16 圆孔的表面粗糙度代号是____，键槽的表面粗糙度代号是____。

(9) 在上方空白处画出 *C* 向视图。

班级　　　　学号　　　　姓名

6－23　看懂“泵盖”零件图，回答下列问题，并用 AutoCAD 绘制该图

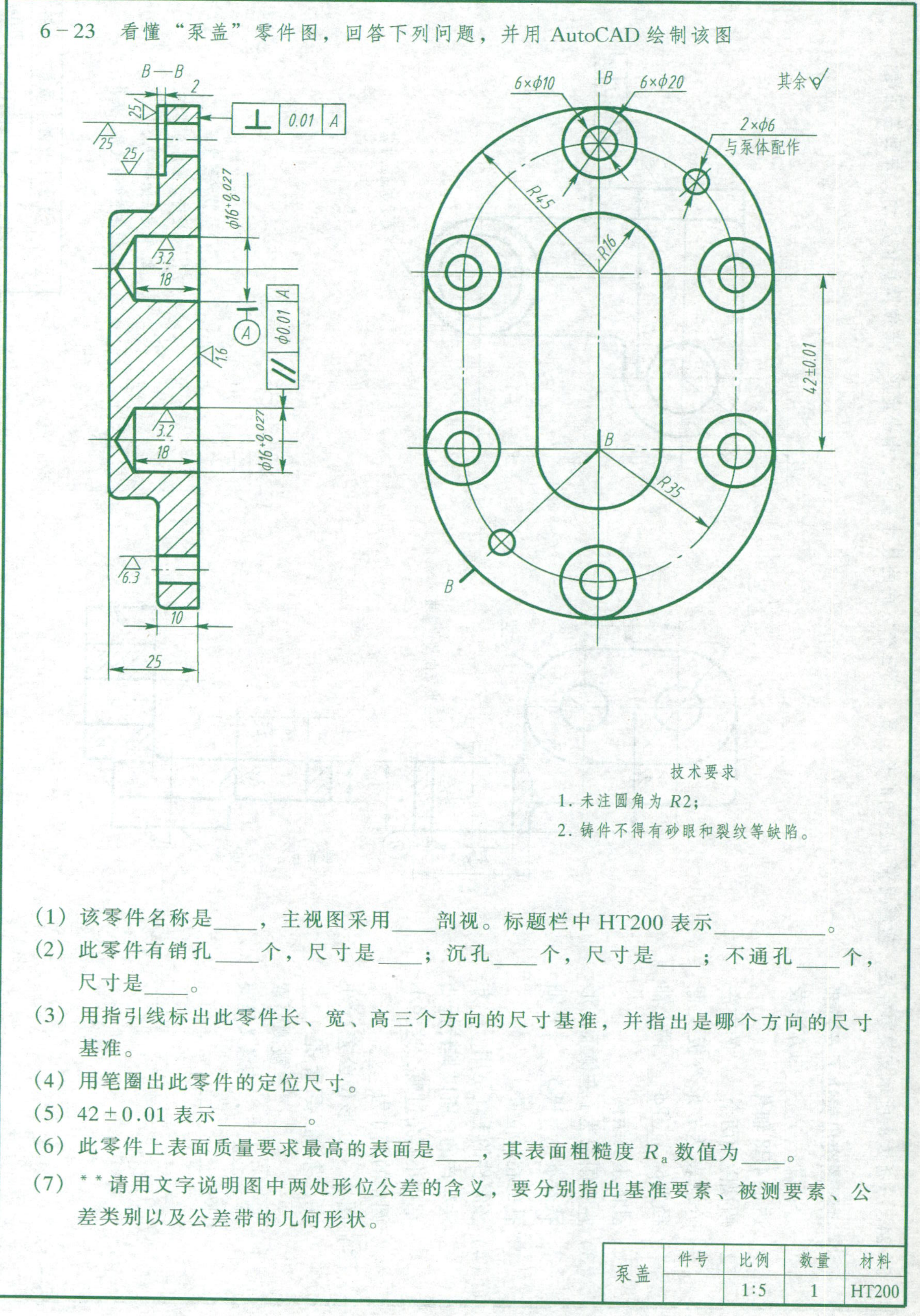

技术要求

1. 未注圆角为 R2；
2. 铸件不得有砂眼和裂纹等缺陷。

（1）该零件名称是____，主视图采用____剖视。标题栏中 HT200 表示__________。

（2）此零件有销孔____个，尺寸是____；沉孔____个，尺寸是____；不通孔____个，尺寸是____。

（3）用指引线标出此零件长、宽、高三个方向的尺寸基准，并指出是哪个方向的尺寸基准。

（4）用笔圈出此零件的定位尺寸。

（5）42±0.01 表示________。

（6）此零件上表面质量要求最高的表面是____，其表面粗糙度 R_a 数值为____。

（7）**请用文字说明图中两处形位公差的含义，要分别指出基准要素、被测要素、公差类别以及公差带的几何形状。

泵盖	件号	比例	数量	材料
		1:5	1	HT200

班级　　学号　　姓名

6－24 分析如图所示支架零件图，理解用箭头注出的长、宽、高三个方向的尺寸基准，指出定形、定位及总体尺寸，并回答问题

（1）主视图突出表达了安装部分，并________的方法表达 ϕ14H8 轴孔。

（2）俯视图用两个____的方法分别表达 *L* 形弯板及直径为ϕ____和ϕ____两个轴孔的主要结构。

（3）左视图表达了左侧面的形状及ϕ____和ϕ____两轴孔的相对位置。

（4）该零件的毛坯是用____方法生产的，所以其转折处都用小圆角过渡，这些小圆角的尺寸为____。

（5）图中一处形位公差标注中，基准要素是________，被测要素是________，其意义是要求________________________。

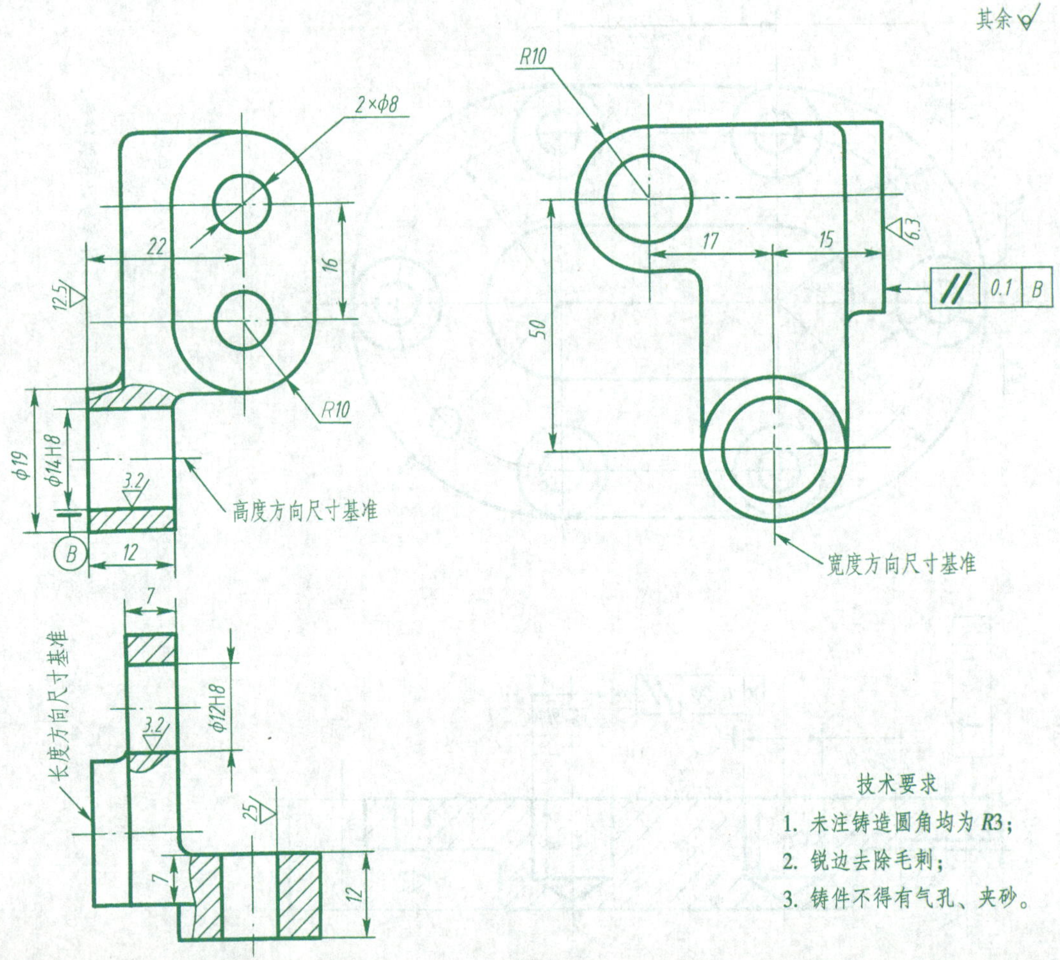

其余 ▽

R10　2×ϕ8　22　16　12.5　R10　ϕ19　ϕ14H8　3.2　高度方向尺寸基准　B　12　7　长度方向尺寸基准　ϕ12H8　3.2　25　7　12　17　15　6.3　50　// 0.1 B　宽度方向尺寸基准

技术要求

1. 未注铸造圆角均为 R3；
2. 锐边去除毛刺；
3. 铸件不得有气孔、夹砂。

支架	件号	比例	数量	材料
		1:1	1	HT200

班级　　　　学号　　　　姓名

第七章　装　配　图

7－1　按照作业要求和说明，分别画旋塞和千斤顶的装配图。

一、作业要求

通过分析旋塞和千斤顶的轴测图和零件图，分别了解这两个装置的装配结构和工作原理，正确选择表达方案，初步掌握画装配图的一般方法和步骤。

二、作业内容

1. 对于两个装置分别选择合适的图幅和比例绘制装配图。
2. 了解各零件的作用，分析零件之间的装配、联接和定位关系，确定装配图的视图表达方案。
3. 画装配图的各个视图，并标注尺寸。
4. 编写零件的序号，填写明细栏和标题栏。

三、作业说明

1. 旋塞的轴测图和装配示意图以及所列各零件图见后面各页。

旋塞工作原理如下：

旋塞是装在管路上的一种开关装置。当阀杆 6 上的通孔 $\phi15$ 对准阀体 1 中的孔 $\phi15$ 时，管路畅通，如装配示意图所示；当用扳手将阀杆转动 90°后，管路截止。为了防止泄漏，在阀杆与阀体之间装入垫圈和填料（材料为石棉），并装上填料压盖，拧紧螺栓后，填料压盖压紧填料从而防止液体或气体泄漏。

2. 千斤顶的轴测图以及所列各零件图见后面各页。

千斤顶工作原理如下：

千斤顶是在汽车修理和机械安装等工作中常用的一种起重和顶压装置。它利用螺纹传动来顶举重物，顶举的高度不能太大。工作时，绞杠穿在螺旋杆顶部的孔中，转动绞杠，螺旋杆在螺套中靠螺纹旋合关系作上、下移动。放在顶垫上的重物靠螺旋杆的上移而被顶起。螺套镶在底座里，并用螺钉定位，磨损后便于更换和修配。顶垫套在螺旋杆的球面形顶部，用螺钉将其与螺旋杆联接以防脱落，同时，防止顶垫随螺旋杆一起旋转。

班级　　　　学号　　　　姓名

7－1（续）旋塞直观图、装配示意图、各零件图

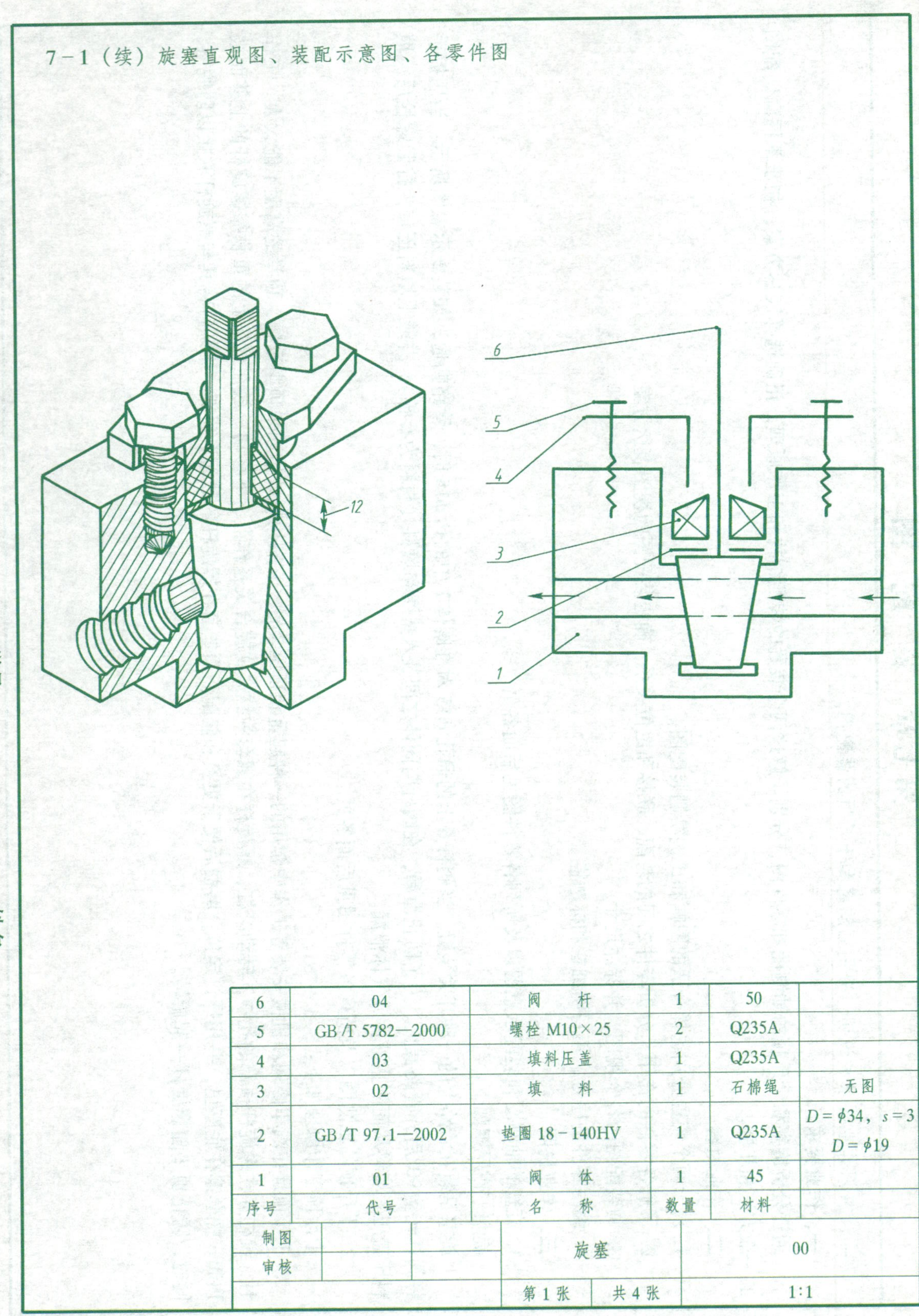

6	04	阀　杆	1	50	
5	GB/T 5782—2000	螺栓 M10×25	2	Q235A	
4	03	填料压盖	1	Q235A	
3	02	填　料	1	石棉绳	无图
2	GB/T 97.1—2002	垫圈 18－140HV	1	Q235A	$D=\phi34$，$s=3$ $D=\phi19$
1	01	阀　体	1	45	
序号	代号	名　称	数量	材料	

制图			旋塞	00
审核				
			第1张　共4张	1:1

班级　学号　姓名

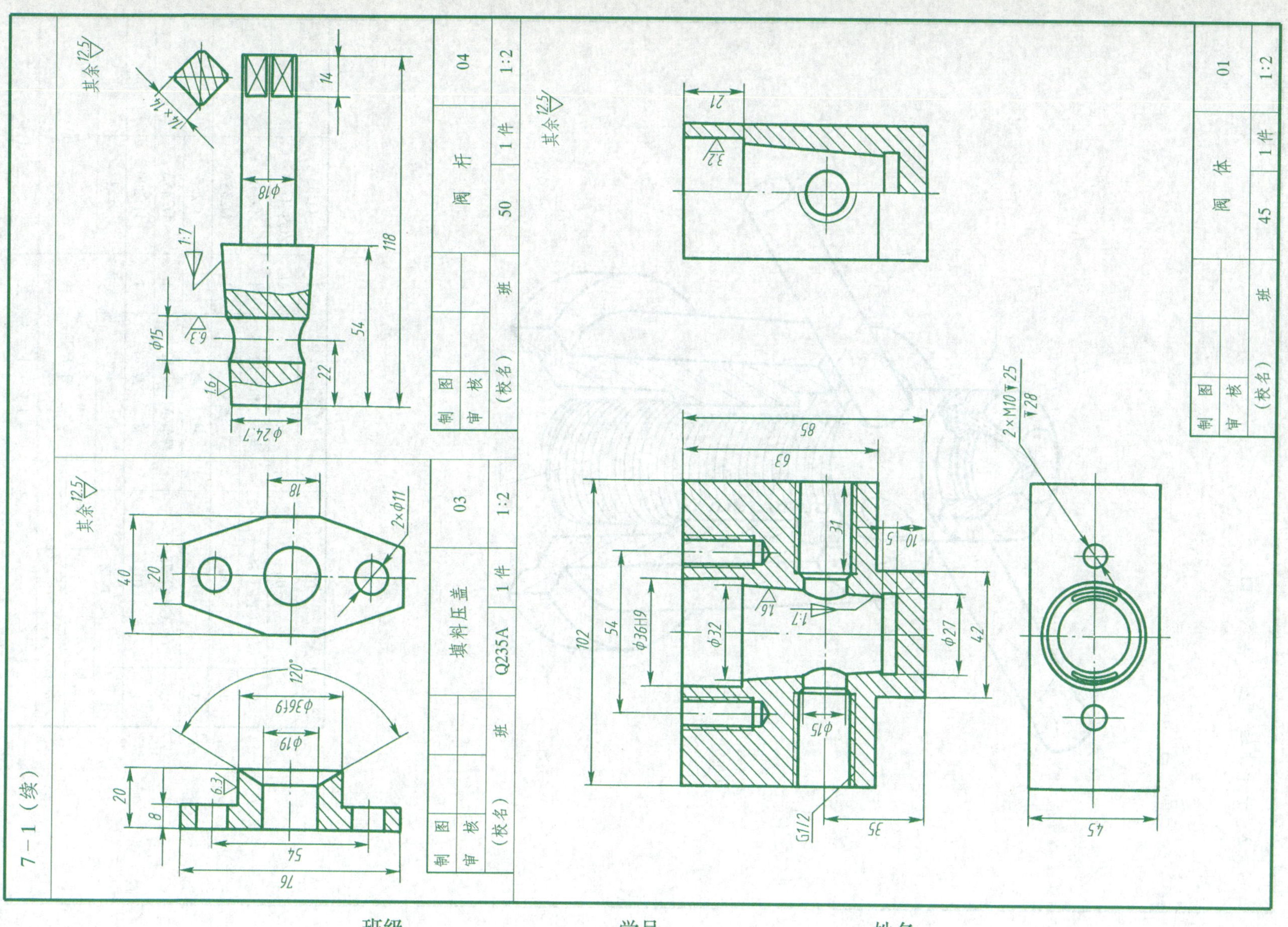
7－1（续）
阀杆 04 1:2
50 1件
制图
审核
（校名） 班
填料压盖 03 1:2
Q235A 1件
制图
审核
（校名） 班
阀体 01 1:2
45 1件
制图
审核
（校名） 班

班级 学号 姓名

7-2 千斤顶轴测图、各零件图。

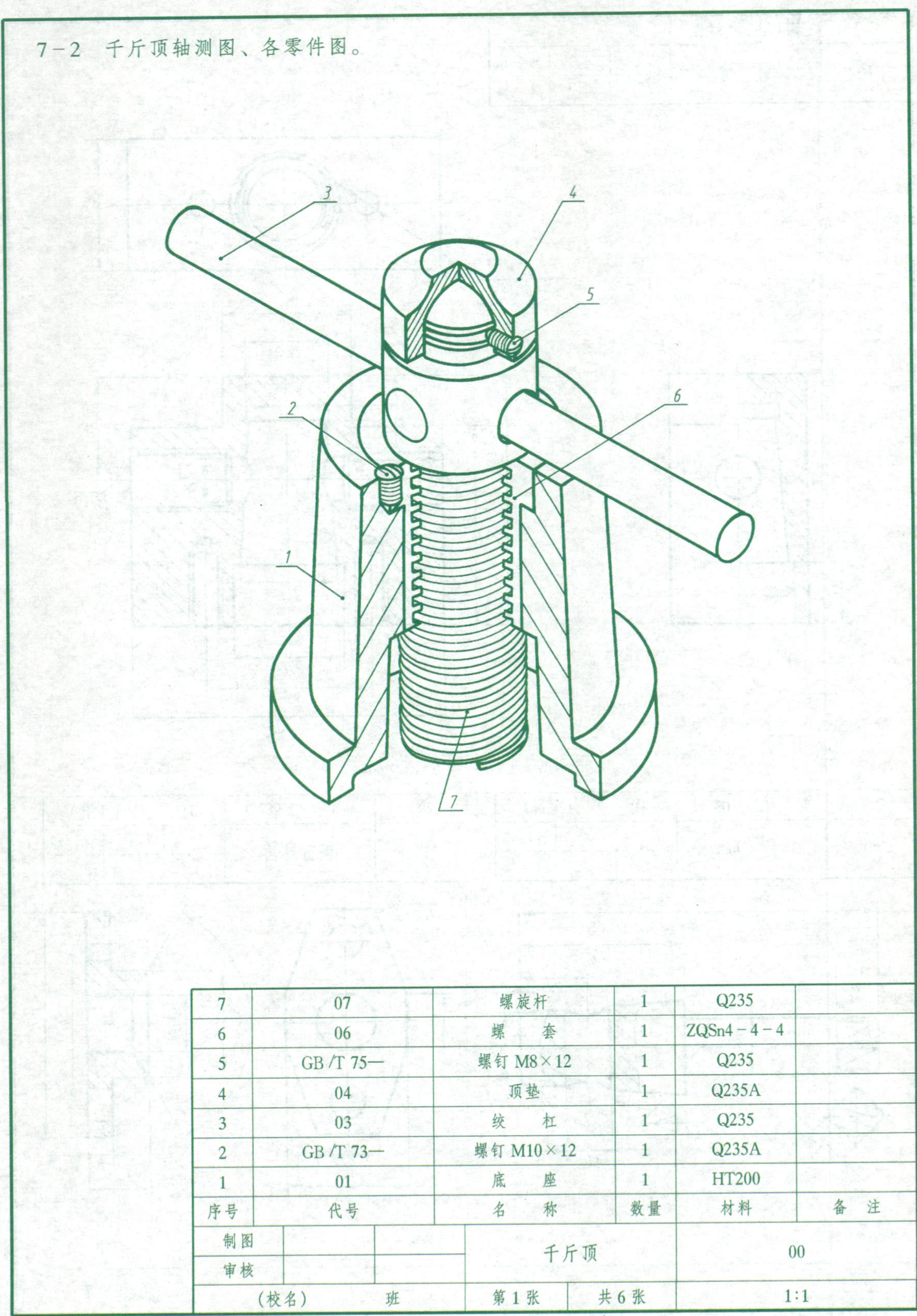

7	07	螺旋杆	1	Q235	
6	06	螺　套	1	ZQSn4-4-4	
5	GB/T 75—	螺钉 M8×12	1	Q235	
4	04	顶垫	1	Q235A	
3	03	绞　杠	1	Q235	
2	GB/T 73—	螺钉 M10×12	1	Q235A	
1	01	底　座	1	HT200	
序号	代号	名　称	数量	材料	备　注

制图			千斤顶		00
审核					
(校名)	班		第1张	共6张	1:1

班级　　学号　　姓名

7-2（续）

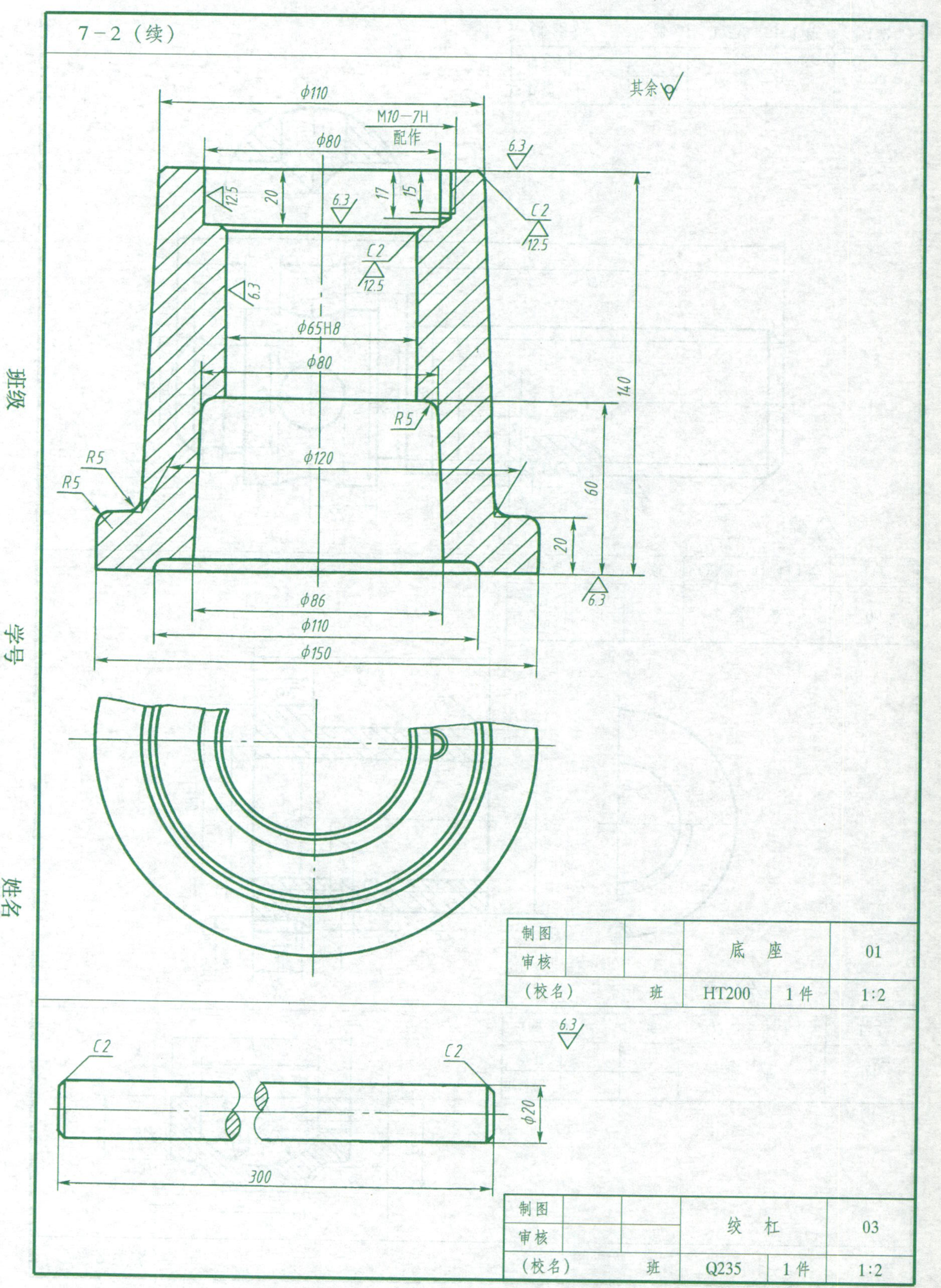
其余
φ110
M10-7H
配作
φ80
6.3
20
17
15
12.5
C2
φ65H8
φ80
R5
φ120
140
60
20
φ86
φ110
φ150
制图
审核
（校名）
班
底座
01
HT200
1件
1:2
C2
φ20
300
制图
审核
（校名）
班
绞杠
03
Q235
1件
1:2

班级　　学号　　姓名

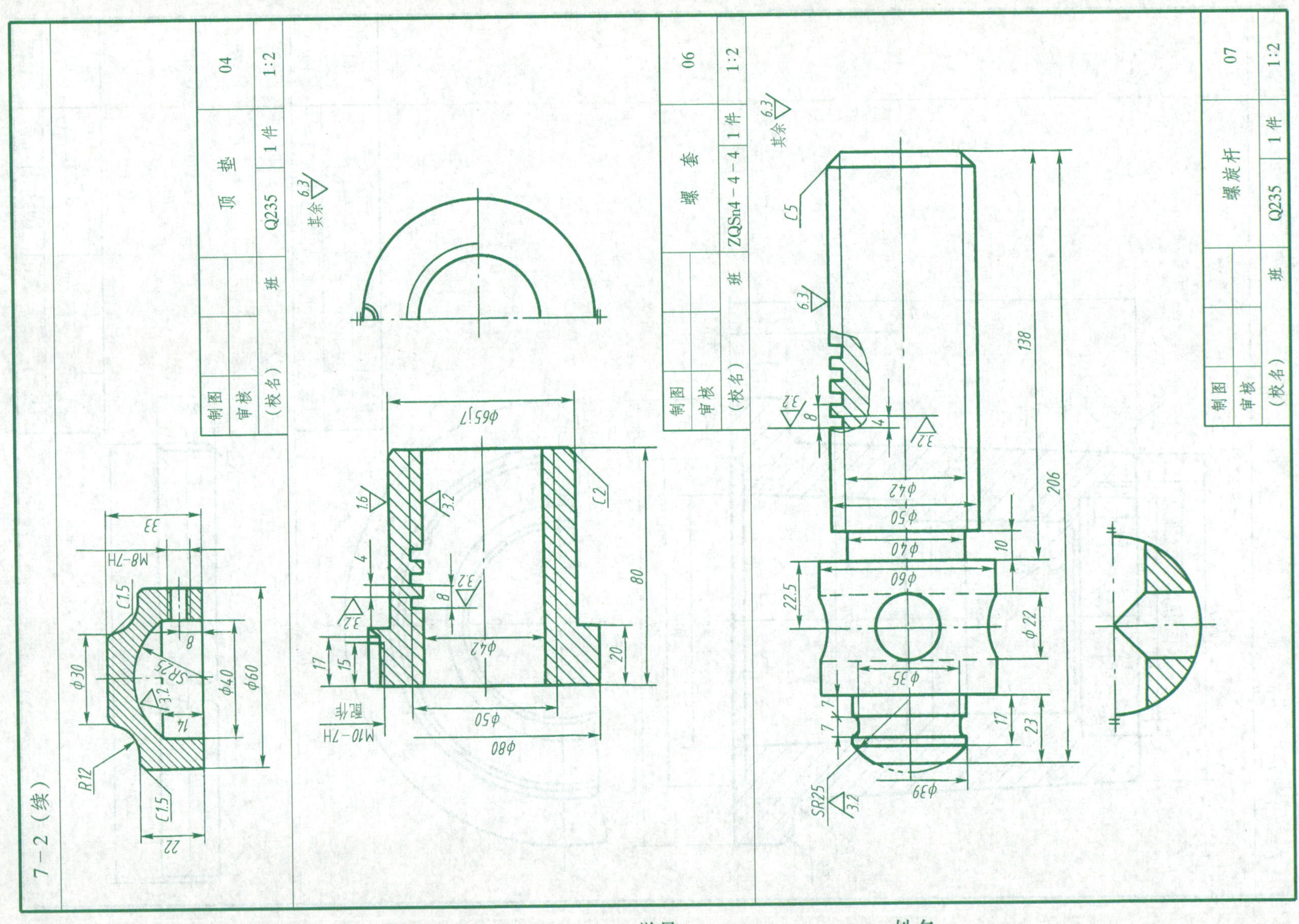

班级　　学号　　姓名

7－3　读管钳装配图，并回答下面问题

（1）主视图采用了______剖视，用以表达______关系，俯视图和左视图采用了______剖视。左视图还采用了______画法。

（2）局部放大图主要表达矩形螺纹的______尺寸。

（3）件2和件6是用______联接，件3和件4采用______接。

（4）当螺杆2转动时，滑块6作______运动，滑块的工作行程（升降范围）是______mm。

（5）管钳中件______和件______上有螺纹，而且是______螺纹。

（6）管钳的总体尺寸是____________。

（7）安装尺寸为____________。

（8）①②分别是______号件的投影。

班级　　　　学号　　　　姓名

7-3（续）管钳装配图

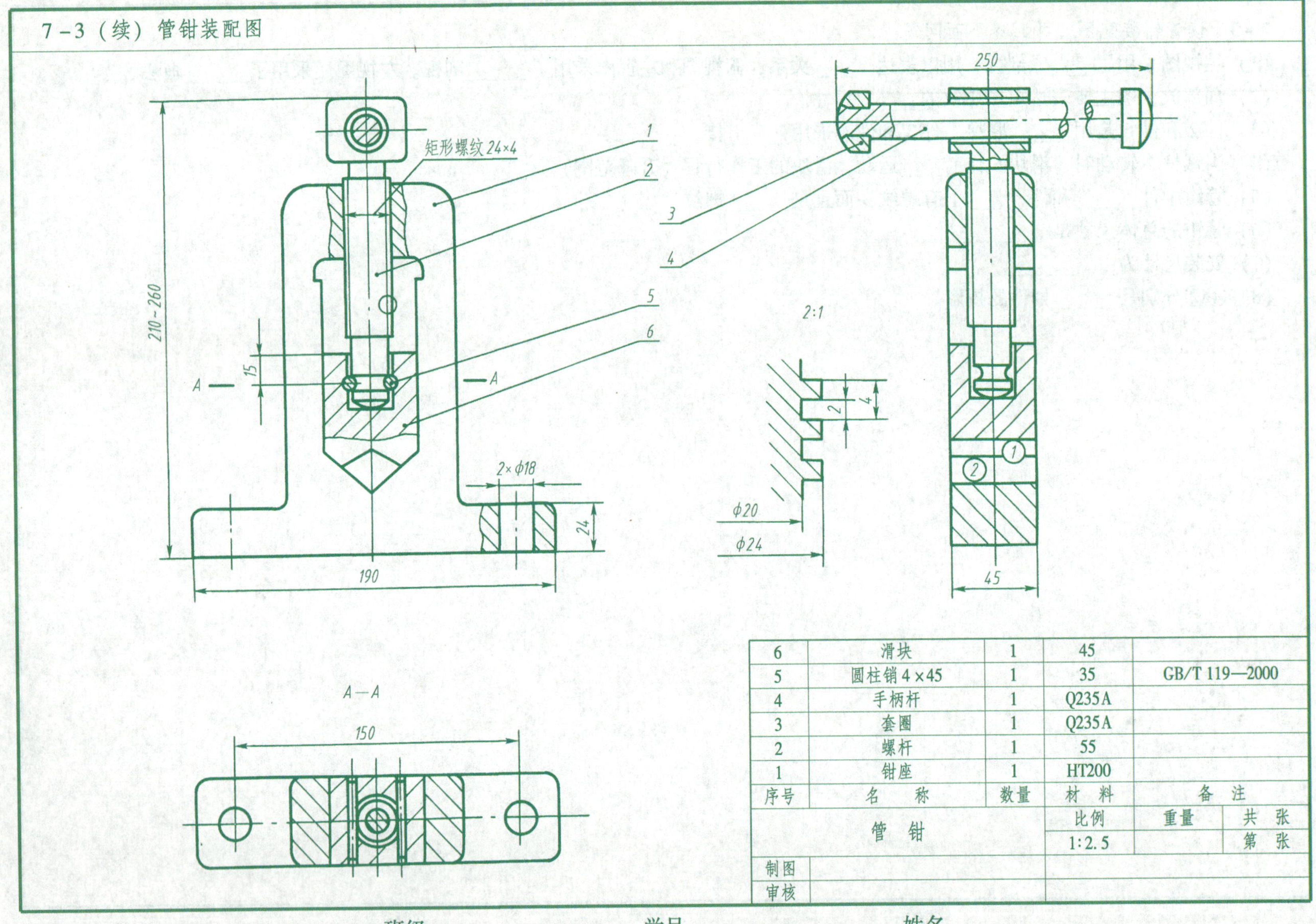

6	滑块	1	45	
5	圆柱销 4×45	1	35	GB/T 119—2000
4	手柄杆	1	Q235A	
3	套圈	1	Q235A	
2	螺杆	1	55	
1	钳座	1	HT200	
序号	名　称	数量	材　料	备　注

管　钳	比例	重量	共　张
	1:2.5		第　张
制图			
审核			

班级　　学号　　姓名

7-4 读懂弹性支承的装配图，回答问题，并画出底座的零件图。

一、弹性支承的工作原理

该部件为弹性支承。其功能是自动调节支承高度。支承柱4由于弹簧2的作用能上下浮动，调整螺钉1可调节弹簧力的大小，支承帽7能自位。故部件工作时可根据支承力的大小上下浮动和自位。

二、回答问题

1. 读弹性支承的装配图，了解各零件的作用和联接、定位关系。
2. 零件6紧定螺钉起什么作用？
3. 零件5螺钉起什么作用？

7	06	支承帽	1	45	
6	05	紧定螺钉	1	45	
5	GB/T 75—1985	螺钉 M6×12	1	Q235A	
4	04	支承柱	1	45	
3	03	底　座	1	HT200	
2	02	弹　簧	1	65Mn	
1	01	调整螺钉	1	35	
序号	代号	名　称	数量	材料	备　注

制图			弹性支承		00
审核					
（校名）		班	第1张	共8张	1:1

班级　　学号　　姓名

7－4（续）

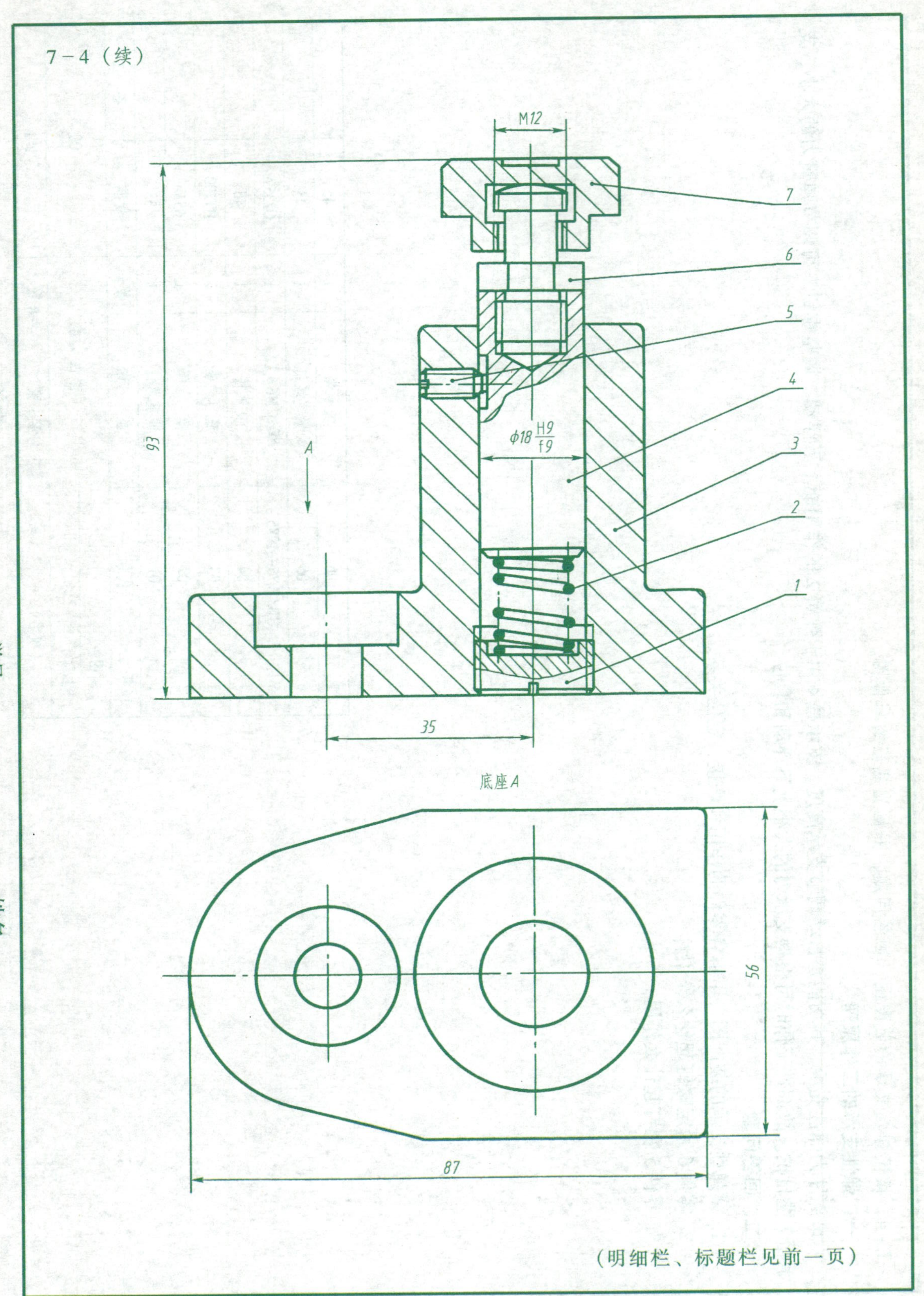

（明细栏、标题栏见前一页）

班级 学号 姓名

第八章　AutoCAD 2000 简介

8－1　判断题（正确的画√，错误的画×）。

1. 调用 AutoCAD 命令的方法有：

（1）在命令行输入命令。（　　）

（2）在命令行输入命令缩写字。（　　）

（3）单击下拉菜单中的菜单选项。（　　）

（4）单击工具条中的对应图标。（　　）

（5）以上均可。（　　）

2. 正常退出 AutoCAD 的方法是：

（1）命令行输入：Quit。（　　）

（2）单击下拉菜单：File→Exit。（　　）

（3）单击标题栏中"×"图标。（　　）

（4）直接关机。

（5）以上均可。

8－2　将左边命令和右边对应的功能连线。

1. ESC	打开已有的图形文件
2. NEW	将当前图形易名存盘
3. QUIT	取消和终止当前命令
4. SAVE	将当前图形原名存盘
5. SAVEAS	创建新的图形文件
6. OPEN	当前图形不存盘退出

8－3　填充题

1. 设置绘图界限的命令是____________________。

2. AutoCAD 管理不同性质图线的工具是________________。

3. 相对直角坐标的表示方法是____________________。

4. 相对极坐标的表示方法是____________________。

5. 特性刷的作用是________________________。

班级　　　　　　学号　　　　　　姓名

8－4 用 AutoCAD 绘制下列图形，未注尺寸自定。

(1) 用相对极坐标方式绘制

(2) 用相对极坐标和相对直角坐标方式绘制

(3)

(4)

(5)

(6)

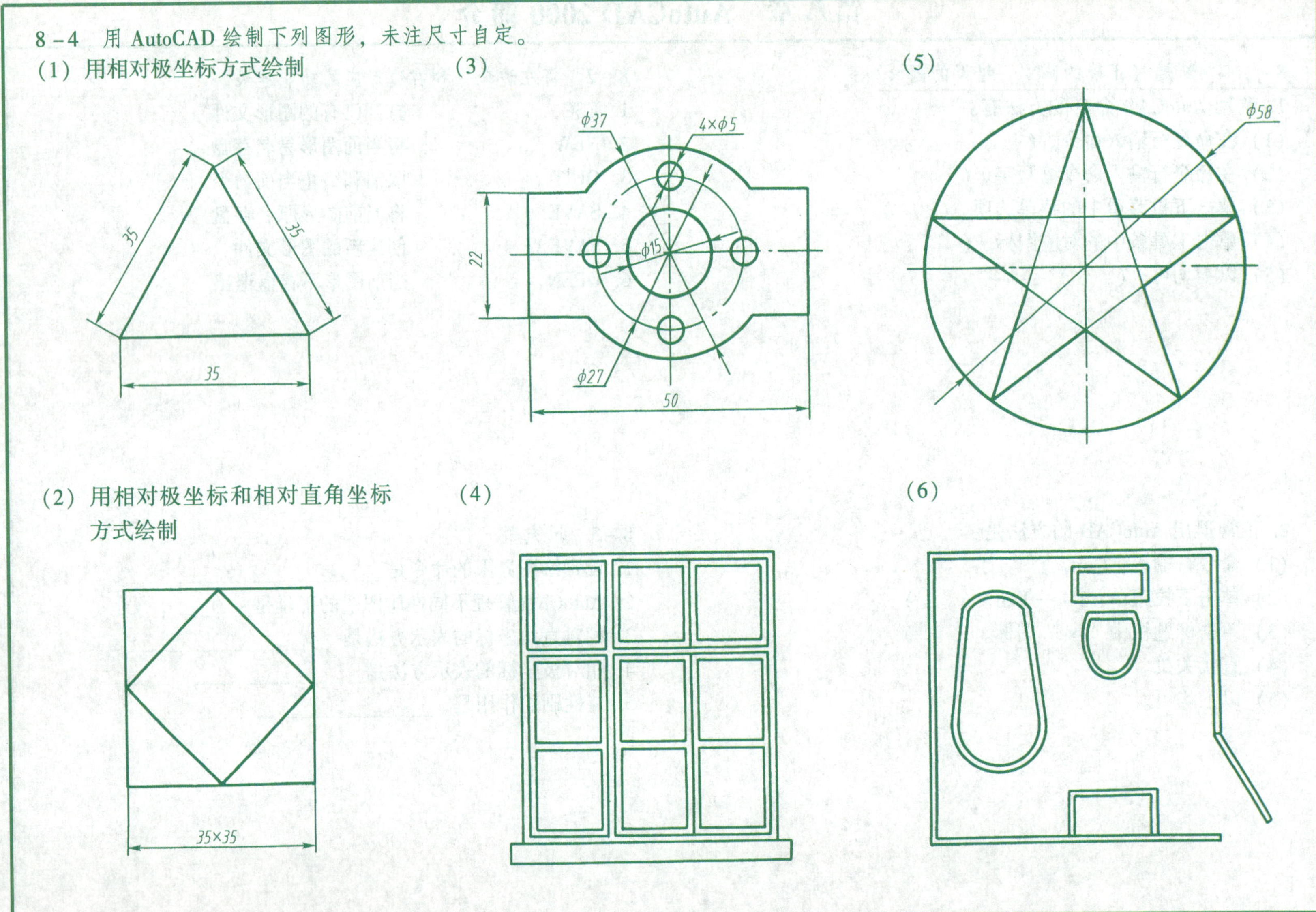

班级　　学号　　姓名

8-5 用 AutoCAD 绘制下列图形，并标注尺寸（要用不同线型和颜色区分图线）。

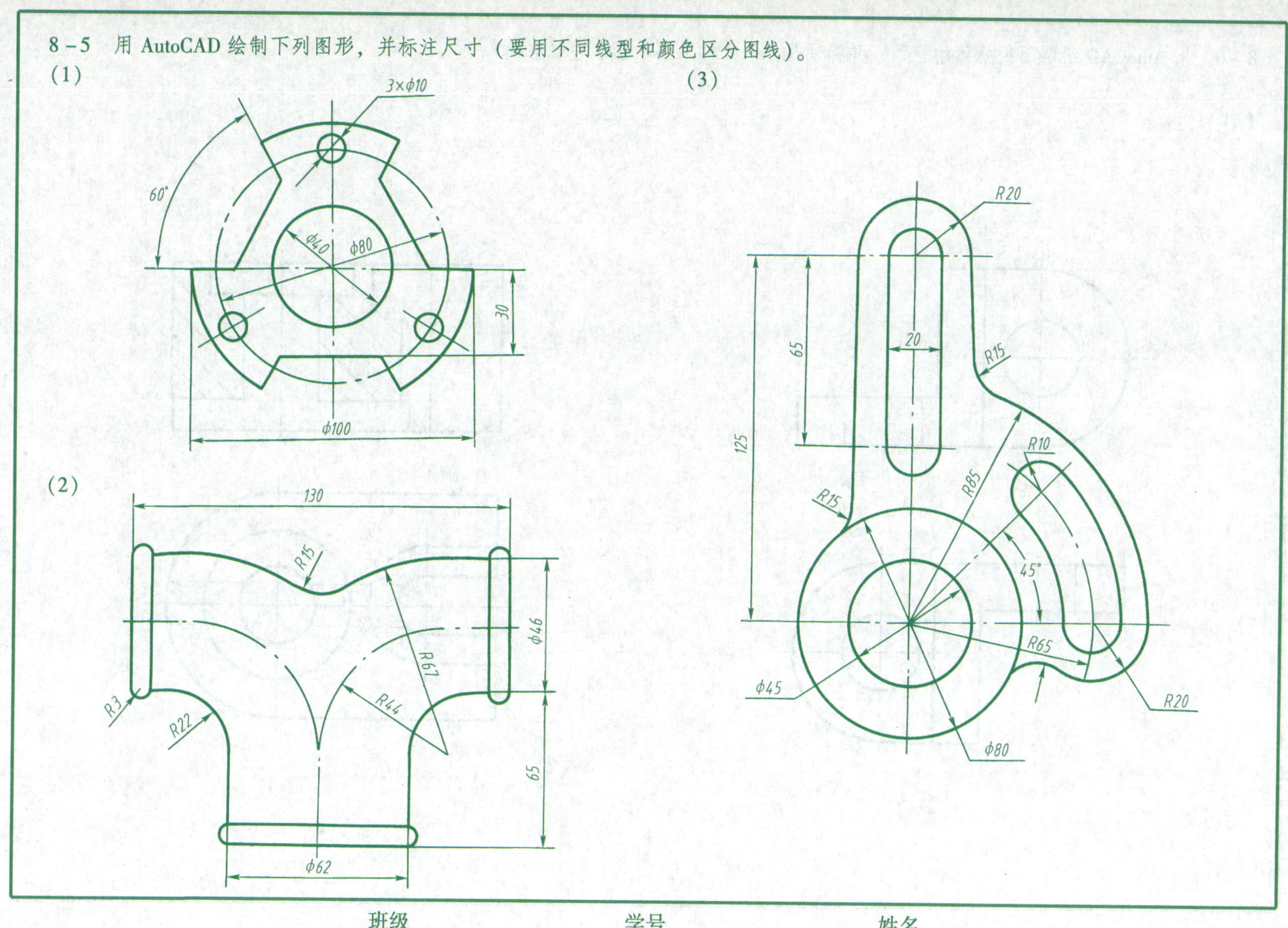

班级　　　　学号　　　　姓名

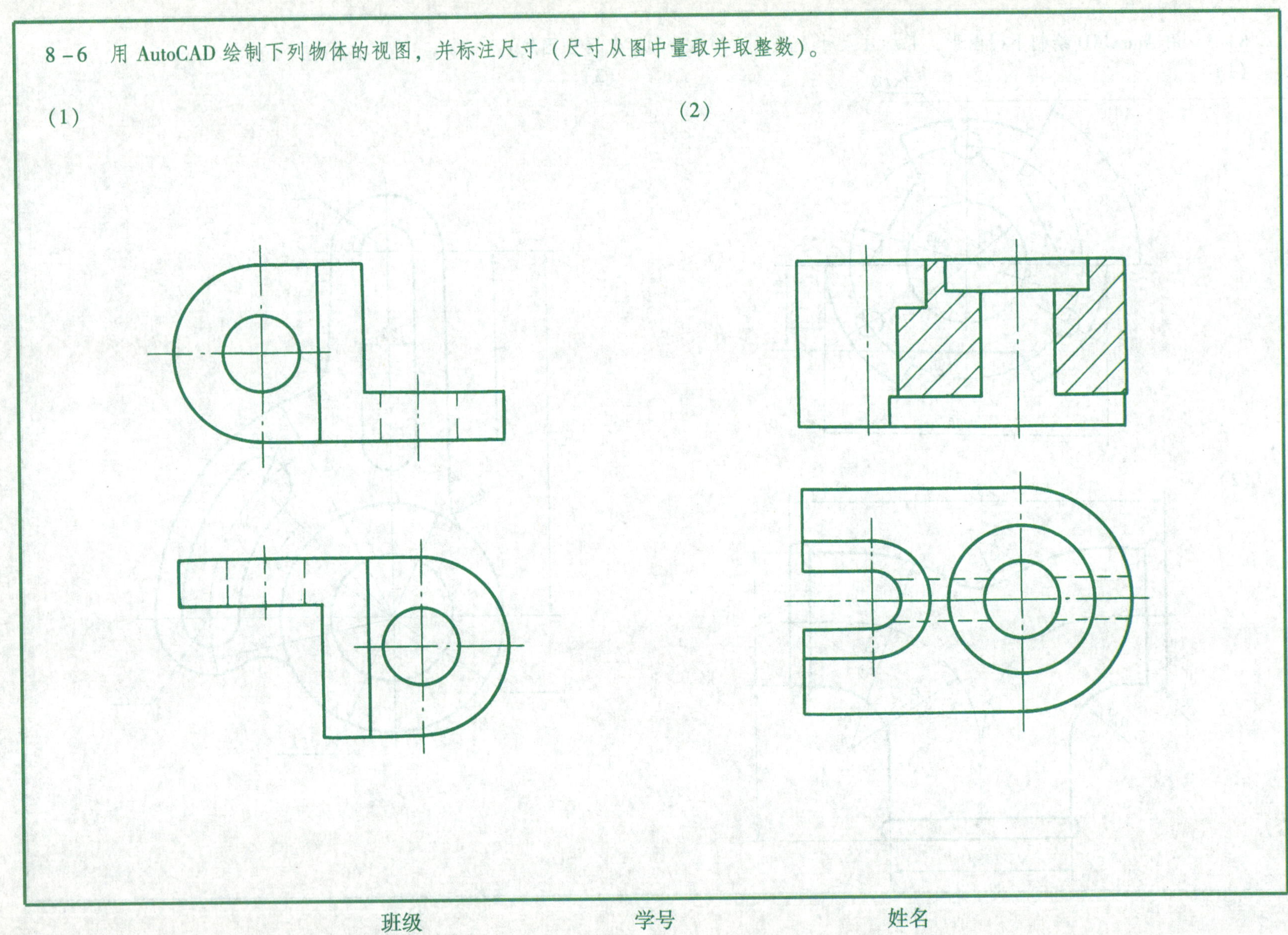

8-6 用 AutoCAD 绘制下列物体的视图，并标注尺寸（尺寸从图中量取并取整数）。
(1)
(2)

班级　　学号　　姓名

8－7　用 AutoCAD 绘制下列物体的正等轴测图和三视图。

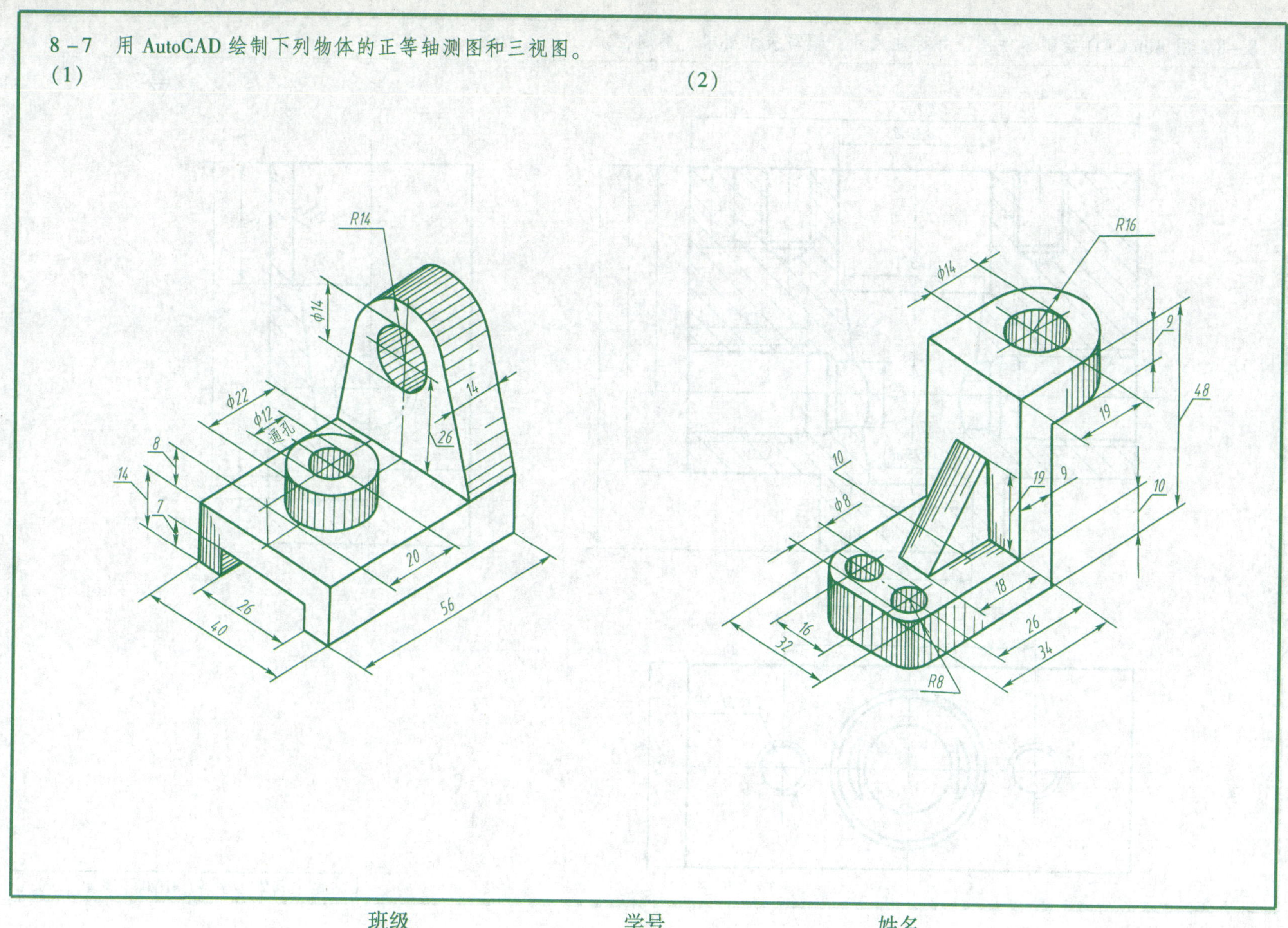

班级　　学号　　姓名

8－8　用 AutoCAD 绘制零件图，并标注尺寸，填写技术要求、标题栏。

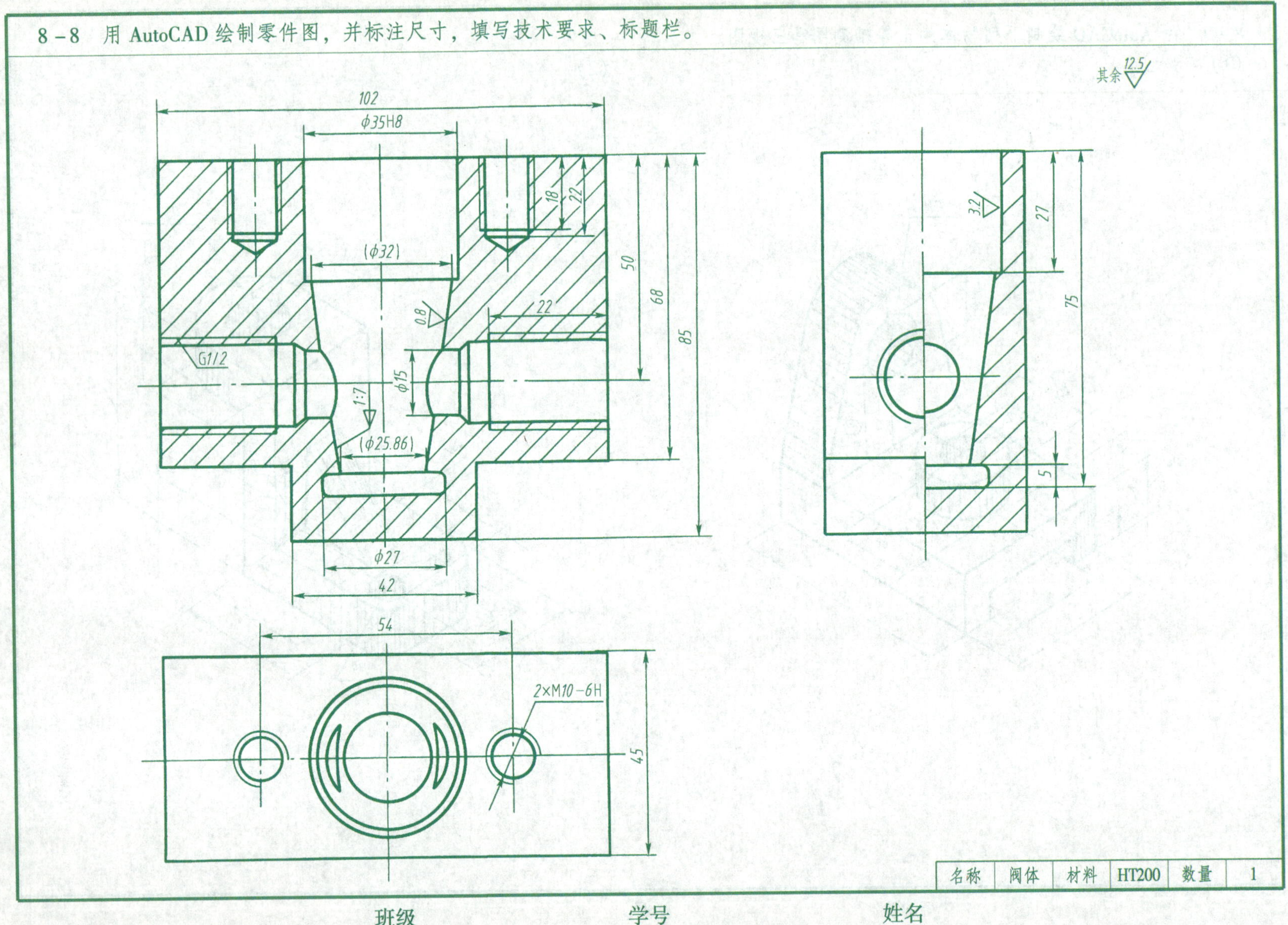

名称	阀体	材料	HT200	数量	1

班级　　　　学号　　　　姓名

第九章 展 开 图

9－1 画出斜切正六棱柱管的展开图。

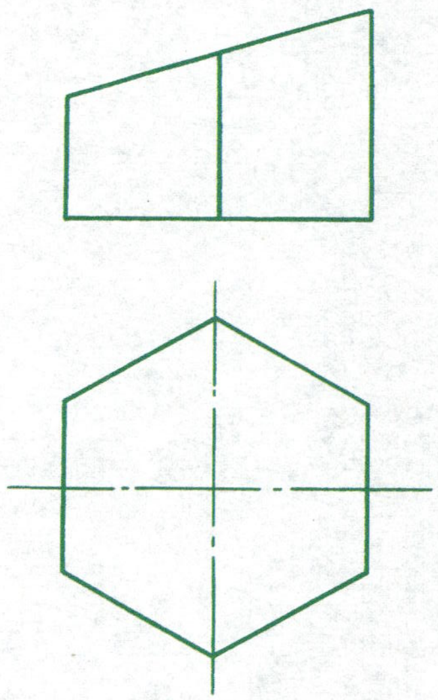

9－2 按视图画出漏斗的展开图。

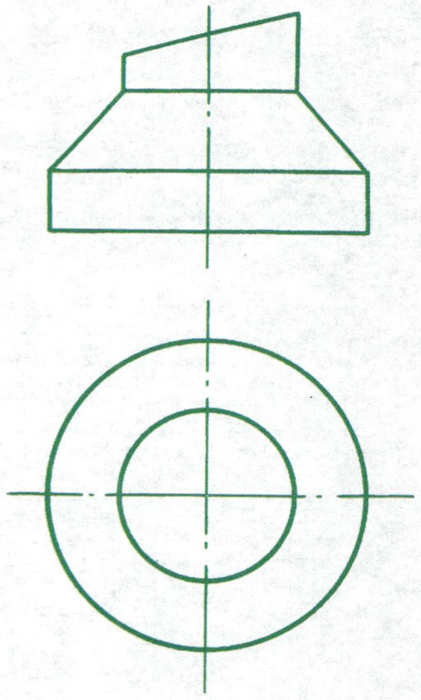

班级 学号 姓名

参 考 文 献

1 齐玉来主编. 机械制图习题集. 天津：天津大学出版社，2000

2 王巍主编. 机械工程图学习题集. 北京：机械工业出版社，2000

3 王宗荣主编. 工程图学习题集. 北京：机械工业出版社，2001

4 汪令江主编. 机械制图. 北京：高等教育出版社，2002

5 罗良武等主编. 工程图学及计算机绘图习题集. 北京：机械工业出版社，2003

6 刘小年等主编. 工程制图习题集. 北京：高等教育出版社，2004

7 许睦旬等主编. 工程制图习题集. 西安：西安交通大学出版社，2003

8 胡宜鸣等主编. 机械制图习题集. 北京：高等教育出版社，2001

9 杨裕根主编. 现代工程图学习题集. 北京：北京邮电大学出版社，2003

10 谭建荣等主编. 图学基础教程习题集. 北京：高等教育出版社，1999

11 刘力主编. 机械制图习题集. 北京：高等教育出版社，2000

12 王成刚等主编. 工程图学简明教程习题集. 武汉：武汉理工大学出版社，2002